U1008417

青少年走近领袖人物丛书

朱德的故事

罗范懿◎著

江西人民出版社
Jiangxi People's Publishing House
全国百佳出版社

图书在版编目（CIP）数据

朱德的故事 / 罗范懿著 . — 南昌：江西人民出版社，2023.1

（青少年走近领袖人物丛书）

ISBN 978-7-210-14367-3

Ⅰ . ①朱… Ⅱ . ①罗… Ⅲ . ①朱德（1886–1976）–生平事迹–青少年读物 Ⅳ . ① K827=7

中国版本图书馆 CIP 数据核字（2022）第 243393 号

朱德的故事

ZHU DE DE GUSHI

罗范懿 著

策　　划：王一木
责任编辑：章　虹
装帧设计：马范如

江西人民出版社 Jiangxi People's Publishing House 全国百佳出版社 出版发行

地　　址：江西省南昌市三经路 47 号附 1 号（330006）
网　　址：www.jxpph.com
电子信箱：jxpph@tom.com
编辑部电话：0791-86899133
发行部电话：0791-86898815
承　印　厂：江西润达印务有限公司
经　　销：各地新华书店

开　　本：787 毫米 ×1092 毫米　1/16
印　　张：12
字　　数：121 千字
版　　次：2023 年 1 月第 1 版
印　　次：2023 年 1 月第 1 次印刷
书　　号：ISBN 978-7-210-14367-3
定　　价：30.00 元
赣版权登字 -01-2023-18

版权所有　侵权必究

赣人版图书凡属印刷、装订错误，请随时与江西人民出版社联系调换。
服务电话：0791-86898820

前言

为深入学习贯彻落实习近平新时代中国特色社会主义思想、党的二十大精神，引导青少年践行社会主义核心价值观，帮助广大青少年树立正确的历史观、民族观、国家观和文化观，为他们打好精神底色，扣好人生第一粒扣子，江西人民出版社精心策划、隆重推出了主题阅读图书“青少年走近领袖人物”丛书，旨在让青少年通过阅读领袖人物的故事，树立爱领袖、爱祖国、爱社会主义的理念和感情，成为担当民族复兴大任的时代新人。

“青少年走近领袖人物”丛书包括《马克思的故事》《恩格斯的故事》《列宁的故事》《毛泽东的故事》《周恩来的故事》《刘少奇的故事》《朱德的故事》《邓小平的故事》《陈云的故事》共9册，选取领袖人物成长经历和革命生涯的感人故事，以小见大地向广大青少年介绍了他们的坚定信仰、高超智慧、深邃思想、乐观精神、伟岸人格和心系人民的伟人情怀。

这套丛书在语言风格和叙述方式方面，努力贴近青少年的阅读习惯及接受能力，力求以生动形象的小故事作为切入点，由浅入深地讲大道理，深刻而不失亲切，严谨而不乏生动，为读者呈现了一个个饱满生动的领袖人物形象。在版式设计上，注重舒朗大气，强化视觉冲击，以增强可读性、趣味性。此外，作者精心研究了各领袖人物的权威文献资料，注重选材精、形式活、事例美，意在完整、准确、生动地再现伟大领袖的本来面貌。总之，“青少年走近领袖人物”丛书主题突出、特色鲜明，兼具历史研究价值和文学艺术价值，是青少年革命传统教育和爱国主义教育读本，对世人理解、认识和学习领袖人物大有裨益。

少年强则国强，少年进步则国进步。当代中国青少年，既是实现第一个百年奋斗目标的经历者、见证者，更是实现第二个百年奋斗目标、建设社会主义现代化强国的生力军，赶上了大有可为、大有作为的美好时代。习近平总书记说：“明天的中国，希望寄予青年。青年兴则国家兴，中国发展要靠广大青年挺膺担当。年轻充满朝气，青春孕育希望。广大青年要厚植家国情怀、涵养进取品格，以奋斗姿态激扬青春，不负时代，不负华年。”

希望广大青少年读者通过阅读和学习本书，将伟大领袖人物作为心中的榜样标杆，向他们看齐，坚持涵养进取品格、树立远大志向、刻苦学习知识、锻炼强健体魄，厚植爱党爱国爱人民的高尚情怀，用青春作笔写未来，在实现中华民族伟大复兴的生动实践中放飞青春梦想、书写人生华美篇章。

目录

1 佃农的儿子

朱德出生时，朱家共十一口人：祖父母、伯父母、父母、三叔、四叔、大哥、二哥、姐姐和朱德。十几口人住在地主废弃的一栋用来存放粮食的破仓库屋里。全家人的衣食仅靠着租佃地主的十几亩薄田维持，生活十分艰难。朱德的父母一共生了十三个儿女，因为家境贫穷，无法全部养活，只留下了六男二女。

朱家是百余年前从广东韶关迁到四川的。旧社会连年战乱，人口锐减，土地荒芜。清王朝为巩固其统治，实行移民政策，采取各种方式把湖南、湖北、江西、广东等地的大批农民迁入四川，因此历史上有“湖广填四川”之说。朱家的祖先就是在这场大移民运动中迁至四川的，最初在川北的广安县、营山县一带流动经营小商业，后来第三代先祖朱文先带着第四个儿子从营山迁至仪陇县大仪山的马鞍场。朱家入川到朱德这一代已是第六代。

朱德是“代”字辈，所以家中为他起名“代珍”，乳名叫“狗娃子”。读私塾后，先生又为他取名“玉阶”，从军以后才改名为朱德。

朱德出生时，祖父朱邦俊已年过花甲，他憨厚、纯朴、勤劳，把一生交给了黄土地。他几十年如一日，每天天麻麻亮就把全家叫醒，分配农活。农忙时他领着全家锄地、犁田、播种、割禾、打猪草……冬天领着大家上山砍柴。直到八九十岁了，他还下田干活，平时手里经常提着粪筐在村前屋后、田间草场、渠边路旁拾肥。他是一位标本式的中国农民，一生都在黄土地上默默耕耘，直到逝世前不久还在地里劳动。可是，他奉献了一生的土地从不属于他，租佃地主的土地，再勤劳也走不出贫困。

看着朱德出生的祖母潘氏精明能干，尤其善于操持家务。她虽不识字，却通达明理，并且有胆识，有魄力，有组织才能。全家的开支、活计安排得井井有条，每年除夕就分派好一年的工作。家境虽然贫寒，但在祖母的严格调教下，大家和和顺顺，尊老爱幼，家风深受当地人好评，祖母也很受人尊敬。在朱德的眼里，祖母可是个万能的农家妇女。

祖父朱邦俊生了四个儿子：世连、世林、世和、世禄。

世林是朱德的父亲。朱德出生时他只有三十七岁，可脸上已爬满了皱纹，看上去像个年近花甲的老人。父亲一生在家劳作，从未出过远门。和厚、忠耿、亲孝、勤家，朱德继承了父辈的禀性。但是，由于生活的艰辛和精神的压抑，父亲逐渐变得暴躁，致使朱德从懂事起就很惧怕自己的生父。朱德的母亲钟氏是穷苦艺人的女儿，身材高大，体格健壮，性情温顺，宽厚仁慈。她虽不识字，却明达事理，她的一言一行对朱德影响最大。

世连是朱德的伯父，也是朱德的养父。他为人诚实、纯朴、忠厚，颇有见地，治家严谨，办事果断，是个精明的庄稼人。身为长子，他是协助祖母管家的好帮手，常为祖母出谋划策。朱德的伯母刘氏也是一位善于操持家务的农村妇女。伯父母两口子恩恩爱爱、和和睦睦，可一直无所出。朱德出生后，伯母一直非常喜爱他，经常流露出要把朱德过继为自己儿子的意愿。于是，在朱德两岁时，祖辈做主，把朱德过继给他们抚养。此后，他们对朱德如亲生骨肉一般，对朱德的生活、学习和前途有重要的影响。

朱德还有两个叔叔和两个婶婶，他们都是纯朴、勤劳的农民。

朱德出生时已有一个姐姐和两个哥哥，之后父母又生养了一个妹妹和三个弟弟。他的哥哥、姐姐、弟弟、妹妹都是面朝黄土背朝天，辛勤耕耘一辈子的种田人。

2 斗梨

1892 年，也就是朱德六岁的时候，家里人把他们三兄弟送到本姓家族办的药铺垭私塾。这时的仪陇县一带时兴种植鸦片，百姓的生活有所改善，朱家的经济状况也有好转。清政府苛捐杂税名目繁多，他们发现交粮催差的就怕读书人。因此，朱家几房人决心省吃俭用，送孩子多读点书，来抵挡税吏、差役的欺侮，并帮助家里打打算盘。

在药铺垭私塾读了一年，朱德和大哥朱代历兄弟俩第二年又被送去丁家私塾就读。丁家私塾正是朱家租佃田地的地主“丁阎王”办的。每年一个学生要交七八石稻谷，而且只能让兄弟俩上半天学。

丁家私塾的三十六名学生全是他们丁家族人的孩子，只有朱德兄弟是外族人。那些富人家的孩子对朱德兄弟百般刁难、欺侮，故意将“朱”姓喊作“猪”或写成“猪”，无事生非，甚至对朱德兄弟俩拳打脚踢。兄弟俩记住父母的话，佃农寄人篱下，好老师又被有钱人掌控，所以尽量忍让。但有一次，朱德实在忍不住了。

一天，朱德在自家树上摘了一个梨，带到学堂后让丁家少爷看见了，少爷抢去就啃，还恶语伤人，说：“梨子是人吃的，哪见过‘猪’吃梨子！”

朱德忍无可忍，同少爷理论：“我的梨子，你为啥子抢去？”

话一出口，丁家的子弟一拥而上，劈头盖脸地对朱德拳打脚踢。哥哥上前阻止，同他们评理，丁家子弟又对朱代历拳打脚踢。

朱德兄弟横下心，齐心协力进行还击。谁知那些衣来伸手、饭来张口的少爷们，都不是朱家兄弟的对手，他们再人多势众，也都败在朱德兄弟手下。正在朱家兄弟狠狠还击时，先生才发现并制止。

可是，先生竟让朱家兄弟上课罚站。朱家兄弟心里不服，认为先生也不讲理。当然，先生也没办法，寄在“阎王”家，有理讲不清，只好反复规劝他们：“你们要学会忍耐。你们在丁家读书，不忍怎么读下去？古人云：‘不忍非君子，无毒不丈夫。’”先生还鼓励他们：“要刻苦用功，古人云‘吃得苦中苦，方为人上人’。你们要能吃得常人吃不下的苦，要能受得常人受不了的气，将来才能有所作为！”

朱德因为梨子与丁家少爷们打斗了一场，又因为打斗获得了先生的这番良言，令他刻骨铭心。

一年后，因朱家交不起这么高的学费，哥哥朱代历只好回家帮父亲种地去了，而让朱德继续在丁家私塾读了一年。可想朱德为了求学，只身卧在“虎狼窝”，遭受的欺侮、污辱更多了。但每当受欺难忍时，他就想起斗梨的事，先生的那番话又在耳边回响……

3 挖井

一天，朱德放学回家后，照例去割牛草。

毒辣辣的太阳正在西边天上发淫威，村子里的小溪早就断流干涸了，连山塘也干得见了底，有的树叶还发黄枯萎了。去哪儿找青草呢？

井水很难养鱼了，村民的饮用水已成问题。朱德背上的镰刀，随朱德在山路上蹦跳着，似乎也在对天诉说：下场雨吧！

走出村子不远，朱德突然发现面前的草地格外茂盛，并特别青翠。他高兴地拿出镰刀割起来，心想，这可以让牛饱餐一顿了。

他割呀割，心想这片青草为何不像旁边那些草木，都被太阳晒得枯了叶尖，依然那么苍翠。

他割呀割，把草根也拔出来了，泥土湿漉漉的。

朱德眉头一皱，眼一亮，赶紧用镰刀朝深处挖……这种天气，草青是因为有富足的水，泥巴湿是因为有地下水源……若发现了泉水，不就解决了村民吃水的难题？

朱德割完了这片草，飞快地把草送进了牛圈。他顾不得欣赏牛儿大快朵颐了，自己连晚饭也顾不上吃，便召集几个小伙伴，背来了锄头，趁太阳还没下山，赶紧去草地挖起来。

眼看太阳快落山了，他们已挖出了好几个又深又大的坑，可就是不见泉水。

“别费力气了，狗娃子，这里并没有泉水，挖不成井的。”

“回家吃饭吧，挖不出水了。”

几个伙伴唉声叹气要回家了，朱德却挖得大汗淋漓，什么话也不说，只继续朝湿土层使劲深挖……

“哈，泉水从狗娃子的脸上流出来了！”小伙伴笑朱德干事就这么一根筋。

朱德望一眼落日，擦了擦汗，喘着粗气笑着说：“既然现在挖出来的土还是湿的，就证明里面肯定有水，要么土怎么会湿呢？”

“估计水是被什么堵住了，我们朝最湿的地方深挖，再深挖。”朱德边说边挖。

看有伙伴离开了，朱德接着说：“我们不要怕困难，只要看准了的事，就干到底，看吧，总会挖出水来的。”

继续挖呀挖，往湿泥巴的深处挖……不一会儿，终于从地下涌出了一股清泉，且泉水越涌越多，很快把深坑都填满了……大伙儿高兴得大喊大叫：“挖出井了呀！狗娃子挖出泉水井了呀！……”

夕阳把每个人的笑脸都映照得格外清澈和美丽。大人、小孩们都飞快地赶过来了，有的还干脆带来了水桶。

来了的，都先俯身痛饮个饱。

有的把泉水浇在脸上、身上，还有的故意往朱德身上泼水：

“给狗娃子先好好洗个泉水澡吧！……”

“应该！这娃儿辛苦了，好心眼。”

欢笑声让整个村子都热闹起来，太阳似乎也不想回家了……

4 “吃大户”的恐怖

下午，朱德又准备出门割牛草，突然听到从马鞍场方向传来一阵阵嘈杂的声音，呐喊声、怒吼声越来越近：

“吃大户！吃大户！吃——大——户——”

接着，他听到李家塆一阵紧锣密鼓，好不凄惶。

“娘，什么是‘吃大户’？”朱德问母亲，母亲不回答，只让他别出门干活了。

“那丁家的锣鼓声呢？”朱德又仰面刨根问底。娘只好告诉他，锣鼓声是“丁阎王”要佃户们去帮他保护家产发出的召唤信号。

“丁阎王”平常把佃户当作牛马，听“吃大户”的涌过来了，才想到佃户，可谁都不愿去，都关门在家悄悄看丁家的热闹。

脚步声渐近，和着众人发出的愤怒、悲怆的呼号，像一股山洪冲着李家塆而来，在琳琅山谷中回荡。朱德只知道有许许多多的人来了，接着听到了宰猪的叫声和嘈杂的打斗声……大人对什么是“吃大户”不置一词，朱德也只好将这个疑问藏在心里。

第二天，朱德在路边割草时，忽闻一阵令人毛骨悚然的声音。他抬头看见数百名官兵，一路吆喝着追赶一班衣衫褴褛的人，飞奔而来。

朱德立即藏进山道旁的丛林里。他看到大路上过来一队兵马，全是黑衣黑袄，头上包着黑巾，脚上穿着绳鞋，衣衫的前胸后背都绣了一个好大的白底黑字“兵”。他们手提火枪，背着大刀，在几个头戴花翎官帽的人的指挥下，追赶着六七百个“吃大户”的灾民。

“轰隆”，不时有火枪响起，火光冲天，硝烟弥漫。朱德闻到了那浓烈的气味，看到了一群群穿着破烂的灾民被官兵残杀毒打，发出声声惨叫，最后都倒在了血泊中……

朱德伏在地上，手里的镰刀握得紧紧的，他明显感觉到自己的心脏在拍击着土地……他不知道谁对谁错，是谁造成这样的恶果，关键时刻他应该举起镰刀去砍谁，那些逃荒要饭的有什么罪……

朱德看不下去，想不下去……只有心脏拍击土地发出“咚咚”的回响。土地啊，这里的土地，为何都姓丁？

追杀声远去。夜里，朱德家里有几个路人投宿，他们谈起了“吃大户”。

1894 年春夏，川北山区严重干旱，头年冬也只下了一场小雪，大片田地无法播种，土地都干旱得裂开了口子，种下的禾苗都枯死了。可是地主老财的租不可少，大批灾民被迫扶老携幼远走他乡，四处逃荒要饭。逃荒的灾民人数众多、自身难保，被逼出家门的穷苦人，带着饥饿和仇恨，一路打财主、“吃大户”，遇到地主豪门大宅就拼死冲进去，打开粮仓，拖出猪羊，大吃一顿。然后，他们又顺着大路漫无目的地向远方走去，走到哪里吃到哪里。地主老财闻风丧胆，官府派兵一路追杀。

山沟、路旁尸横遍野，血洒琳琅山……

朱德明白了“吃大户”是老天爷和财主们逼出来的，是贫苦农民为了活命不得已而为之的。

5 | 年难过

大人盼莳田，孩子们盼过年。九岁的朱德盼来了新年，一家人却要被“丁阎王”赶出家门。

腊月二十三，“丁阎王”家的丁管家又带着狗腿子逼债催租来了。

“我家老爷有话交代，你家欠下的租，新账老账，连本带利，分文不能少，就是卖儿卖女，也得结清了。”丁管家进门就凶神恶煞，咄咄逼人，又狞笑着说：“今年是个荒年，那只能怪老天不帮忙。租子嘛，老爷有话，颗粒都不能少。你们听清了吗？”

朱家老少都恨得牙痒痒，可没人敢吭声。朱德听到“卖儿卖女”几个字，把母亲的手抓得紧紧的，恨不得冲过去咬丁管家一口。

祖父朱邦俊猛地站起身，老人气得额上青筋直跳。他愤怒地说：“你家老爷也太狠毒了，那是要遭报应的。回去告诉你家老爷，今年要租子没有，要命有一条！”

不等话音落地，老人便摔倒在地，晕了过去。家人一阵慌乱……

连年的灾荒，使整个川北一带的穷苦农民叫苦连天。这年干旱，夏粮颗粒无收，直到入秋才下了场雨，给农民带来一线希望。朱家总算抢种了点秋粮瓜菜，每天两顿稀饭勉强熬到年关。遭遇如此天灾，地主不但不减租，还新账老账、连本带利一起算，把朱家人往绝路上逼。

见老人晕倒，丁管家顿感形势不妙，转身出门，离开前还恶狠狠留下几句话："你装死也没用。年前你交不了租子还不了债，就莫想过年！走着瞧吧！"

大年三十下起了少有的鹅毛大雪，琳琅山、马鞍场白皑皑一片。远处传来了"噼里啪啦"的爆竹声，那是从"丁阎王"家传过来的。

朱家大人们都围住火盆，低头不语。朱德则陪着还不懂事的小姊妹们强颜欢笑……

除夕夜，"丁阎王"又派丁管家来了，他提着灯笼，还领着打手，气势汹汹地闯进门来。

"你们姓朱的全都在这里好好听着，我丁家老爷传话，你们欠的租子一定要还清！你家租的田全部收回，已另外招租了，限你们明天搬出李家塆！"

明天是大年初一，一家二十几口人搬到哪里去呢？

朱家女人们一听这话，忍不住掩面抽泣。老人气得气喘吁吁，朱德父亲几个人忍不住一齐站起身，冲着丁家人吼了起来：

"回去告诉'丁阎王'，你们这样歹毒，这样狠心，是要遭报应的。"

“善有善报，恶有恶报，不是不报，时候未到。时候一到，一定要报！”

“把穷人硬往死路上逼，你们会遭天打雷劈的！”

“除夕夜也不让人安生，你们不得好死呀！”

…………

除夕夜，朱家男女老少都奋起控诉！

小孩子见母亲哭，他们也哭，妇女见男人们挥舞拳头，又各自去劝自己的男人不要冲动。

朱德同几个哥哥也操起家伙，有的还搬起凳子，准备冲向前同丁管家他们拼命……

“牛娃、马娃、狗娃……”祖母和母亲连忙过来拦住了孩子们，“你们还小，大人们的事大人们会解决……”

九岁的朱德看到祖母、母亲脸上的泪水和惊骇的神色，只好帮忙拖住了哥哥……

朱德的泪水流入嘴里，吞进肚里，从此少年的心里埋下了仇恨的种子。他恨不得立刻长大成人，与这个不公平的世界抗争！

丁家人见朱家是个有着二十几口人的大家庭，不好对付，于是丢下几句威胁的话，带打手溜走了。

除夕深夜，朱家被迫分家，大家决定过了年尽快搬离李家塆这几间破仓库屋。祖父祖母带大伯等人回大塆老茅屋住，朱德的父母带哥哥、弟弟、妹妹去陈家塆租佃新田。

伯父初二清晨出门借钱，又去典当了伯母的一副陪嫁银饰，凑齐三百吊钱，赎回了朱家原在大塆的三间老茅屋和七亩祖业田。

初四，祖父祖母带伯父一家和两个叔叔搬回了大塆，朱德与父母、兄弟姐妹含泪分离，离开了琳琅山那个出生地，随伯父伯母来到了大塆。

朱德此时完全理解贫苦农民为什么要“吃大户”了！

6 | 玉石阶梯

朱德辍学了。伯父家只种了几亩田，生活困难，难以供朱德上学，他只能空闲时读读书、写写字。伯父家农具也少，朱德平常只能帮大人锄地、种菜、挑水、劈柴。

一晃眼，朱德已停学一年。伯父不忍心让刚刚点亮的为朱家“支撑门户”的希望之火熄灭，于是迁回大塆的第二年，伯父又将朱德送到马鞍场附近的席家砭私塾继续读书。

私塾的先生姓席，名国珍，字聘三，号伯谷，年逾半百。他知识渊博，远见卓识，为人刚正，仗义执言，敢于抨击旧制度，讥讽帝王将相和达官显贵。他乐于接济穷苦孩子上学，收费低廉，实在交不起学费的还可缓交或免交。

当席先生得知朱家是被“丁阎王”逼出琳琅山李家塆的佃户，他深表同情，一口答应收朱德入学。

席先生为朱德取了个学名叫“玉阶”，他说：“希望你用功读书，像白玉那样清清白白做人，扎扎实实做事，立志沿着玉石砌成的阶梯步步登高。”

朱德面向席先生深深鞠躬，坚定地说：“我绝不辜负先生的厚望！”

那年正值甲午战争失败（1895 年），中国面临着被世界列强瓜分的严重危机。5 月 2 日，康有为联合在京会试的一千三百多名举人，联名向光绪皇帝上呈万言书，这就是历史上著名的“公车上书”。万言书要求拒和、迁都、练兵、变法，特别指出变法为“富国自强”的根本大计；主张推行“富国”“养民”“教民”“练兵”之法；要求实行“议会制”。

地处川北山区的仪陇，很晚才获悉《马关条约》签订的消息。席先生好不容易弄到了一份万言书的手抄本，他如饥似渴地读了一遍又一遍，并一一向学生讲解，还把听来的甲午海战惨败的经过讲给学生听。

席先生详尽精彩的演说、犀利幽默的评论、辛辣尖锐的讽刺，使得学生时而声泪俱下，时而激昂怒骂，一时间课堂就像一个声讨会场。家仇国恨，令朱德义愤填膺。这是他人生中第一堂生动、深刻的爱国主义教育课。

朱德放学回家，帮家里割草、劈柴、喂猪、挑水，席先生的话一直在他的脑海里回荡着，他在挑水的路上还独自演示着席先生的讲课神态。到了晚上大家一起吃晚饭时，他甚至放下碗筷，情不自禁地复述席先生的话，讲甲午海战惨败，讲《马关条约》，讲清朝丧权辱国……

家中父老也听得入神，觉得很新鲜、句句在理，那一晚他们知道了“甲午战争”“《马关条约》”“公车上书”“维新变法”等一些新词。家人也为朱德有席先生这么一位有学问、明白天下事的好老师而庆幸。

朱德放学后给家人“讲课”日渐成了习惯。

从此，朱德对席先生更加敬重。他每天总是早早地来到私塾，帮老师挑水、烧饭、清扫院子，还给同学们烧茶水。一次席先生病了，他跑到药铺垭请来启蒙老师给席先生治病。

朱德有时还被席先生留在家里吃饭，先生高兴时会喝上两盅水酒，酒兴一起，他会把学生留下，大摆龙门阵，讲唐末黄巢起义，讲明末李自成起义，讲清朝太平天国的故事……

“现在的世道太坏了，大鱼吃小鱼，小鱼吃虾米，老百姓就好比虾米。老百姓太苦了，任人宰割，多盼望再出几个黄巢、李自成、洪秀全起来造反呀！”席先生自斟自饮，说得激愤不已。

朱德十分亢奋，他内心像洞开一扇窗户。他回到家中又把席先生讲的道理讲给伯父听：“为民除暴，才有光明世界；富国强兵，才不会任列强宰割！”

伯父为朱德高兴，觉得孩子突然长大成人了。他明白席先生家也同受“丁阎王”的欺压，与朱家是一根藤上的苦瓜，送朱德到席先生身边求学，算是找对了人、入对了门。

朱德在席家砭私塾学了四书五经、诗词歌赋，还阅读了《纲鉴易知录》、二十四史、《左传》等大量书籍。朱德在这里还有个要好的同学，名叫吴绍伯。他出身书香门第，家里有很多藏书，还有个常跑成都的人经常带些“新学”书籍回来。吴绍伯常将“新学”书籍带给朱德读，让朱德对地理、数学等知识也产生了浓厚兴趣。

在席家砭私塾的最后一年，朱德还被老师邀请住在他的家里，一年只交一百斤米作为伙食。灾年遇上“吃大户”的逃荒人，席先生虽然不是大户，还是把自家一担大米送给了灾民。

朱德从十岁到十八岁在席家砭私塾整整读了八年书。除了长知识、长见识，更重要的是，在朱德人生观确立的过程中，席先生为“玉阶”的起步实实在在垒砌了玉石阶梯，让朱德甚至他的家人从狭小的“支撑门户”“光宗耀祖”的小圈子里跳出来，逐渐懂得不仅要救小家，还要救国家。

7 | 县试崭露头角

朱德在席先生的教导下，已十分厌恶科举制度，但他又不能违背全家节衣缩食送他去读书的初衷，何况十年寒窗，他不忍心让老人们失望，去考一考还可检验一下自己到底学到多少知识。此外，去县城参加科举考试也可走出家门见见世面。所以，他在朱家老人和席先生的支持下，准备去仪陇县城。

马鞍场大塆距仪陇县城三十七公里，家里凑了一吊钱给他做盘缠。

上路那天，父母兄姊都赶来大塆，同伯父母等亲人们一块为朱德送行。这时祖父母早已不在，两个叔叔也成家出门另谋出路。头梳长辫的朱德，肩挎小布包，内装几件换洗衣服和亲友凑来的路费，会同吴绍伯、席先生儿子席景荣等八位同窗好友离开大塆，沿着盘山驿道向仪陇走去。

十九岁的朱德，第一次离开马鞍场的山门去了县城。此前朱家三代人，也只有父亲为“丁阎王”家买滑竿进过一回县城。朱德是幸运的！

傍晚时分，他们到了县城，找了一家最便宜的小客栈住下，八个人挤在一间小屋里还算热闹。

全县有千余名考生，其中大多数为富家子弟。他们穿绸衫、戴礼帽、坐滑竿，还带着书童来，目空一切，好像世界就是他们的，他们立马要“五子登科”了。朱德把这一切都看在眼里，心里对他们十分鄙视，他对同伴说：“别瞧他们个个趾高气扬，等发榜时才能见高低。俗话说‘出水才看两腿泥’，走着瞧吧！”

第二天，朱德一行先到县署礼部检查身体，合格后又去文庙报了名。报名时，朱德改名为“朱建德”。而后，他与同学一道去逛街，走山城高低不平的石板路，看街头五花八门的商店招牌，爬上县城高处的“圆通阁”，感山河壮丽，览山外之山……

经过几场笔试，朱德很轻松地考完了县试。此次考试他结识了一些新朋友，听说距仪陇四十多公里的南部县盛产井盐，有西洋机器和数千名盐工，于是他约几位同窗翻山越岭去看盐井。

朱德他们从南部县回来那天，县试发放红榜。朱德抬头一看，在一百余名考生中，他名列前二十名，这是他没有料到的。

他立即动身赶回大塆，把喜讯告诉家人。一开始，伯父还有点不相信，不久“喜报”送到了家里，全家人才相信梦已成真。这是朱家的头等大事，左邻右舍都前来道喜。

清朝的科举考试，通过县试、府试、院试三关可成为秀才。这是读书人步入仕途的唯一途径，穷人只有走这条路才有可能做官。但朱德只想让亲人们高兴一下，他明白家里没钱没势，考得好也做不了官。

8 盐工的遭遇

朱德和几个同学跋涉四十多公里看盐井，并没有看到那里有什么新机器，却见到了几千名盐工。

盐工穿得还不如那些逃荒的灾民，他们腰上只围着一块破布，上身几乎是赤裸着的。他们光着身子下井干活，光着身子背盐巴，很多工人都染上了盐癣病。

朱德心疼地问："怎么不找医生治病呀？矿主不管吗？盐矿没有医生吗？"

盐工叹了口气，说："矿主也管，只是咱盐工能走能干活的时候，盐矿只有监工没有医生，只有皮鞭没有药……"

许多盐工的光背上像捆着棕索，朱德伸手抚摸，是皮鞭留下的伤痕，有的老伤上又加了新伤，新伤口上还有白色的粉末……

"这是盐吗？撒在伤口上不痛？"朱德问。

"痛过了，麻木了。"盐工忧伤无奈，"也好，沾点盐，伤口也好消炎。"

可是，盐工却很难吃到盐。下班要搜身，他们生怕盐工夹带盐回家。

许多盐工没有家，只为活命而已，有家的也是一家老小围着个草棚。盐工在草棚里吃的是清淡野菜糊，自己天天生产盐却吃不起盐……

工人劳动生产盐，却用不起盐，那些不劳动的人却坐享其成。这是个什么世界？这是个什么道理？

朱德亲眼看到这数千名盐工的悲惨处境，心里非常难过。他和同学们几乎都忘记了昨日紧张的考试。

“清朝官府如此腐败，已是不治之症。”

“工人只有一双手，上无天，下无地，比农民更苦啊！”

“这种毒瘤不根治、不铲除，中国就没有希望！”

…………

在回仪陇的路上，朱德与同学们讨论不休。

9 | 老织匠和小徒弟

朱德挎布包离开仪陇时，街上的一个情景让他凝神不动了：一个失去双脚的乞丐跪在路旁向行人讨饭，也向他伸出手来……朱德定睛一看，心里一惊。这个人勾起了他童年的回忆，儿时纺车的歌如今又在耳畔回响……

他摸摸身上铜钱厚的粗布衣，想起以前每年冬天要来家里的老织匠。

每年老织匠一来，母亲和伯母就把一年纺出来的棉线都交给他，织成布，再拿去染上颜色。这样，一家人的衣衫被褥就有了。

老织匠是广东客家人，那时他已年过六旬，因早年参加了太平军，跟着翼王石达开南征北战，所以他永远有讲不完的故事。他讲的故事与母亲讲的不一样，都是自己亲身经历的事，深深吸引着朱德。

朱德童年时期的琳琅山，屋后有一条通往山外的大路，那是古驿道的一条支路，可以通往仪陇县城。朱德想起七岁那年，一入冬，身上冷飕飕的。他一有空就跑到屋后大路上来，翘首眺望道路尽头，期待老织匠出现。

老织匠终于来了，背着织布机，还带着一个十来岁的小徒弟。

老织匠额头上的皱纹深了，背也弯了许多。朱德和兄弟们高高兴兴地拉着老织匠粗大的手，把他和小徒弟迎进家门。从此，朱德每天一放学，很快做完分配给他的家务活，就和兄弟们挤在织布机旁，请老织匠讲故事，摆龙门阵。

一天，老织匠给孩子们讲起了太平军的故事。他安静地坐着，手拉牵引绳，双脚踏板，摆弄得织布机上的梭子两头飞奔，煞是神奇好看，同时不忘讲起故事来。每当老织匠讲起故事，朱德的眼睛就离开了梭子，这时，老织匠的脸比梭子更神奇、更好看……

“四五十年前，中国被外国打败了，洋鬼子闯进了中国，朝廷怕得要命，洋鬼子要什么就给什么。这下子可苦了老百姓，苛捐杂税多如牛毛。穷人被逼得活不下去了，就操起家什和官家拼命。”

“那阵子，闹起了太平军，穷人们都跟着天王洪秀全打官府的军队。天王手下有许多智勇双全的将领，像石达开、李秀成、李开芳、林凤祥……官兵见了他们的旗子，都吓得屁滚尿流。太平军杀贪官、杀财主，把粮食和土地分给穷人……”

老织匠眉飞色舞地说着，还兴奋地唱了起来：

日头出山亮又明，

乡里来了太平军。

财主恶霸都捆绑，

推去杀头民欢心。

…………

朱德急切、好奇地问：“织布爷爷，您是太平军吗？”

“是啊。”老织匠让梭子跑得更欢了，“我跟着翼王石达开从西打到东，从东打到西，闹得可红火了！”

“后来呢？”朱德迫不及待地问。

“后来，”梭子奔跑的声音缓下来，“兵太多，我们打了败仗，退到大渡河边。石达开为庆祝儿子出生，在大渡河按兵三天，大摆三朝酒宴。这时，官兵从山这边紧追上来了，大渡河又涨水，一场血战，败得惨呀！”

织布机和梭子声几乎都要停止了。老织匠接着说：“河里漂满了尸体，水都被血给染红了……”

“织布爷爷，那您呢？”朱德小声问。

“我装扮成山民才侥幸逃了出去，四处漂泊……”老织匠说不下去了，放下了手里的牵引绳，伤心地落下眼泪，小徒弟连忙递过来一块洗脸布。

“织布爷爷，石达开死了吗？”朱德含着泪水，继续追问。

老织匠长长叹了口气，他不想让孩子们失望，于是回答：“他是不会死的。听说不久前，有人还看见他头戴银盔，身披银甲，骑着一匹大白马，身子骨可硬朗了，还像当年那样威武。”

朱德也不愿意相信石达开已经死了，他多么希望石达开再组建一支队伍，为穷人报仇雪恨，让大家都过上好日子。

布织完了，老织匠要离开这里到别的地方去。朱德和兄弟们把老织匠和小徒弟送上大路，哥哥转身回家了，朱德却一直悄悄跟在老织匠后面，他想要跟老织匠走……走了好一阵子，快出琳琅山了，老织匠突然发现后面有脚步声，一看，原来是朱德在后面跟着。

“你还没回家？还跟着？”老织匠放下肩上的织布架，蹲下身子，笑着抚摸朱德的头，开心地问，“想到哪儿去？做我徒弟还是做我儿子？”

“想跟你去仪陇找石爷爷……”

“狗娃子，你还太小，等长大了，爷爷再带你去。待下一次，下一次……”老织匠将朱德送回家，一路劝说着……

一入冬，朱德又不时来屋后大路上等待老织匠，等他来讲太平军的故事，等他带自己去找石爷爷……

可是，朱德每次都悻悻而归，老织匠和他的徒弟再也没来过。

…………

朱德忍不住流下泪来，他认出来了，这个趴在地上没了双脚的人正是老织匠的小徒弟啊……

朱德马上蹲下身子，打听老织匠的下落。小徒弟告诉他，自从那次老织匠离开琳琅山之后，就去了川东，没想到生了一场大病，卧床不起。后来，他总算是保住了性命，可没法再织布了。没几年，川东闹起义和团，杀洋人，烧教堂，老织匠让小徒弟参加了义和团。不幸的是，义和团很快被官府镇压下去，小徒弟也被抓去砍了双脚，放出来后什么也干不了了，师徒二人只能靠乞讨为生。不久，老织匠就死了。

朱德听着，难过得泪流不止……他将布袋里剩下的一点钱都给了小徒弟，并告诉他，家已经搬去别处，有机会再来看他……

10 | 学以救国路漫漫

通过县试后，朱德来到顺庆府参加了府试，再次顺利通过。正当朱德准备参加院试时，1905 年 9 月，清廷宣布自 1906 年起废除科举考试，朱德也就失去了考取秀才的机会。

科举制废除后，全国新式学堂如雨后春笋般兴起。朱德对科举制废除和与秀才失之交臂并无多大遗憾，反而很高兴看到了新学堂的兴起。因为他已看到了清朝的腐败，旧学已满足不了他的求知欲，他急于在新学中找到出路，于是决定到顺庆府去上新学堂。

上新学堂却没有得到家人的同意。一则老人不相信这种新学堂能维持很久，说不定会马上关门；二则家里按封建习俗，已安排朱德同他大舅的女儿刘氏完婚。

怎么办？朱德只得求助席先生。席先生素来重视新学，他的话对家长有说服力。在席先生的帮助下，家里的老人终于改变了态度，同意朱德到顺庆府上新学堂，还东挪西借，给朱德筹措了一笔读书的钱。

1906年春，朱德考入南充县（顺庆府治所在地）官立两等小学堂。在那里，除国文外，朱德又学了一点地理、历史和英文。一个学期后，朱德又考入顺庆府官立中学堂。两校监督（即校长）张澜、刘寿川都在日本留过学，是当时的新人物。张澜曾对学生说："现在要亡国灭种了，要牺牲身家性命，去救国家。"

刘寿川是朱德的远房亲戚，朱德课余时常到他家听他讲日本明治维新以来的事情，看他从日本带回来的理化仪器和幻灯片。

朱德在顺庆府新学堂只读了一年时间，但这一年他学习了《孙子兵法》《史记》《资治通鉴》等名著。朱德逐字逐句研究《孙子兵法》，学习古代兵法谋略，通过《史记》《资治通鉴》解读朝代兴衰原因及政治得失、治乱复兴的经验教训。这一年，他接受了科学的教育，学到了救国的道理，"读书救国"的思想在他心中日臻成熟。毕业时，他赠予同窗好友戴与龄一首诗：

骊歌一曲思无穷，
今古存亡忆记中。
污吏岂知清似水，
书生便应气如虹。
恨他狼虎贪心黑，
叹我河山泣泪红。
祖国安危人有责，

冲天壮志付飞鹏。

顺庆府是川北的政治、经济、文化中心，八个县的学生都在那里求学，朱德的交际圈逐渐大了起来。他了解到成都新建立了一批学堂，包括武备学堂和体育学堂，于是他把目光转向了成都。

1907 年初，朱德带着家里筹借的四五十块银圆，只身一人徒步去了成都。

成都不仅是四川省会，也是西南政治、经济、文化中心。朱德在大都市看到了另一番景象，城市的繁华与破产贫民的穷困潦倒形成鲜明对照、强烈反差，这里到处可以见到衣衫褴褛的穷困苦力。

朱德在这儿先是考上了成都武备学堂的弁目队，那是为新军训练军士的，可是家里不让他去。接着，他又考入了四川通省师范学堂附设的体育学堂，被编入甲班。朱德勤学苦练，决心用体育增强体质，用体育洗刷“东亚病夫”的耻辱。他对国家大事很关心，在枕头底下传阅同盟会主办的《民报》，看清了清朝的专制腐败，决心加入同盟会，推翻清朝专制统治，这一切让他的心灵有了前所未有的震撼。

年底，朱德从体育学堂毕业。12 门功课的平均分数是 82.3 分，其中器械 100 分，心理 98 分，教练 92 分，算术 90 分。

从顺庆府到成都求学的两年时间，朱家的老人先后为他筹措了二百多元钱。这笔债务，朱德声明由他个人偿还，后来直到他担任滇军旅长时才还清。

朱德从成都体育学堂毕业时，他的老师刘寿川从顺庆府回到了仪陇，任县里的视学，便推荐朱德到仪陇县立高等小学堂任体育教习兼庶务。

这是朱德的第一份工作。

这是个变革的年代，新旧势力在这个偏僻的山区县城激烈斗争。这高等小学堂的前身是金粟书院，历来由一班秀才、举人们把持，他们千方百计对新学堂进行捣乱破坏。

一开始，学堂由于招不到人，只有五个教师十二个学生。守旧分子写打油诗讽刺他们："十二学生五教员，口尽义务心要钱；未知此事如何了，但看朱张刘李田。"通过努力，学堂重新开学时招了七十多名学生，守旧势力又雇流氓恶棍捣乱。朱德平常待人宽宏大度，但对无理横逆绝不纵容。他教学生习武自卫，师生齐心协力勇斗恶棍。

朱德是农民的儿子，属社会下层人士，却在县里的最高学府任教，引起了守旧分子的忌恨、校内同事的妒忌排挤。

朱德给学生上体育课时，要求学生穿短褂、裤衩，却被守旧分子说这是门"猥亵"的课程。师生参加"祭孔庙"活动时，按惯例要给每位教师分一两斤祭祀用的猪肉、牛肉（统称"胙肉"），可朱德连一两都分不到……

朱德从遭受侮辱、排挤的打击中，明白了更多世事。他深感教书不是他要找的救国之路，不能像席先生那样空怀悲愤，默默度过一生。

这时，民族危机日益严重，东北三省已成为俄国和日本的势力范围；法、英帝国主义加紧对中国西南边疆的侵略，法国为了掠夺云南的矿产资源，加快修筑越南至云南的铁路，英国伺机侵略云南片马地区。在这种形势下，朱德痛感危亡在即，必须救国。而东北和云南两地相较，他认为去云南更实际一些。

于是从教一年后，朱德辞去了公职，决心投笔从戎。

1909 年春节刚刚过完，朱德只告知家人去成都继续读书，却毅然离开生活二十多年的故乡仪陇，同一个叫敬镕的朋友做伴，从成都出发，经嘉定（今乐山）、叙府（今宜宾）进入滇境（云南省），再经昭通、东川，终于在四月中旬到达他从军救国的目的地——云南省会昆明。

朱德和同伴在四川同乡萧氏开设的临时客栈寄宿，住下后才给家里写信，说明了自己要离开家乡的真正想法，要家人放心。

云南陆军讲武堂是当时许多热血青年向往的地方，它是培训军官、为新军补充下级军官的一所军校。这个学堂名义上是清政府兴办的，真正领导这个学堂的却是革命党人、学堂总办李根源。

朱德第一次报考未被录取，因为他是用四川原籍报考的，这学堂只招云南籍的学生。而他的同伴冒用云南昭通籍贯报考，却被录取了。

眼看盘缠已快用完，朱德决定先当兵安顿下来再说。一位川籍军官也支持朱德先来川军当兵，再考讲武堂。因为讲武堂招生章程规定，凡军队中的下级军官或士兵，可以通过保荐进入讲武堂学习。

朱德到川军后，由于文化水平较高，上过高等体育学堂，军事技能基础很好，自己又吃苦耐劳，干事努力，得到军队上下一致好评。经过短期的军营生活后，朱德很快升任队部司书（即文书）。

1909 年秋，由当时步兵标（相当于团）的标统（相当于团长）罗佩金推荐，朱德再次报考云南陆军讲武堂。这次报考时，他填了当时的昆明房东萧氏的滇南蒙自籍，并把原名“朱建德”改为“朱德”，这一次他终于被录取了。

几经周折，朱德于 1909 年 11 月迈进了云南陆军讲武堂大门，编入丙班二队，学习步兵科，学制一年。

朱德投笔从戎的漫漫救国路自此开始……

11 | 智斗讲武堂

朱德在讲武堂刻苦学习锻炼，他的学科、术科成绩都名列前茅，很快成了讲武堂中出类拔萃的学生。

学生集训时，朱德常做指挥。朱德动作干净利索，喊口令声音洪亮，为全校之冠。每当遇到外国领事到讲武堂参观，总办李根源总是指令朱德和朱培德两人出来指挥，同学们一时称他们为“模范二朱”。

云南讲武堂是当时中国非常先进的军事学府，朱德很爱这所学堂，包括这里的一草一木。但他爱憎分明，学堂也有他看不惯的地方，如教官常常打骂学生，集合迟到的学生会被打耳光，技术动作不会做的学生会被罚站一节课。朱德对此非常不满，虽然自己没有受过罚，但他认为学生也是人，这是学堂，学生可教不可辱啊！

可是，提出问题会惹怒教官，不提出来会伤害同学。怎么办？朱德想起学校总办对自己很信任，提出这个问题是为了广大同学、办好学堂考虑，总办很开明，相信他会接受自己的建议。于是，朱德找李根源直抒己见：学校里强调“开明专制，绝对服从”。既是专制，何来开明？既然要绝对服从，当学生的岂不是成了教官的奴隶？为了把学堂办得更好，应该根除教官任意打骂、侮辱学生的现象，以人道主义精神对待学生。……

李根源想了一会儿，觉得朱德说得很有道理，起身赞许地对他说："我同意你的主张！"

从此，学校里再也没有发生过任何打骂和侮辱学生的事情了，讲武堂的平等、民主、开明风气得到提倡，但朱德得罪了常体罚学生的教官顾品珍。

顾品珍是李根源日本士官学校的同学，他向李根源指出朱德报考讲武堂有冒籍的问题。

李根源知道这个同学刚愎自用、心胸狭隘，于是心平气和地对他说，朱德有志于救国，不远千里赶来云南两次报考，宁可先当兵也不放弃，难能可贵。冒籍的事不值得追究，并要将籍贯更改过来。李根源又当着朱德所在队的全体学生和顾品珍队长的面，再次夸奖朱德。从此，总办李根源对朱德更加信任，顾品珍也改变了对朱德的态度，朱德还被选进了学校的特别班。

当时的讲武堂是云南革命党人开展革命活动的基地，清政府对此有所警觉。代表守旧势力的云南提学使叶尔恺暗中拉拢部分师生，秘密监视学堂的各种活动。

有一次，朱德得到了同盟会的《民报》和《云南》杂志，白天挤不出时间阅读，只好晚上熄灯后，躲在被窝里用手电照着读。不料，被一个外号叫“田螺精”的教官发现。“田螺精”是提学使的走狗，有人告发朱德偷看进步书刊，他便想利用夜间查铺的机会来抓朱德的把柄。

朱德早有防备。他听到寝室门轻微响动，便把《民报》塞进床铺底下，侧过身子佯装睡着了。“田螺精”进来发现他枕头上正放着一本书，得意地拿过来用手电一照，原来是《孙子兵法》。

“熄灯了，不准看书。”“田螺精”无奈地说了一句，将书往朱德床头一扔，灰溜溜地走了。

12 加入同盟会

一个星期天的早晨，讲武堂紧急集合，大操场上歌声震天响：

风云滚滚，
感觉它黄狮一梦醒。
同胞四万万，
互相奋起作长城。
神州大陆奇男子，
携手去从军。
但凭那团结力，
旋转新乾坤。
哪怕它欧风美雨，
来势颇凶狠。
练成铁臂担重任，
壮哉中国民！

壮哉中国民！

堪叹那世人，

不上高山安知陆地平。

二十世纪风潮紧，

欧美人要瓜分。

枕戈待旦，

奔赴疆场。

保家卫国，

壮烈牺牲。

要知从军事，

是男儿本分。

鼓起勇气向前进，

壮哉中国民！

壮哉中国民！

这是一首讲武堂堂歌。每日清晨，军号之后，歌声嘹亮。可是，今日的军号却是紧急集合号，朱德预料会有大事发生。

歌声未落，总办李根源全副戎装登上讲台。他慷慨激昂地对全体学员说：“同学们，法帝国主义已将铁路修到了昆明，今天上午要在车站举行通车典礼。这里是我们的领土，我们堂堂中华四万万同胞，竟受欧罗巴小国的宰割。耻辱啊！腐败的清政府快要把我们国家的主权出卖完了，再不起来革命不行了。”

李根源哽咽得说不下去了，会场上每个人都眉头紧锁，压抑得喘不过气来。

李根源平复了一下心情，环视全场，大声说：“今天，我希望你们都到车站去看一看，回来每人写一篇文章，谈谈你们的感想。”

昆明火车站站台两旁人山人海，国人满怀悲愤聚集而来，等着观看火车的到来。

朱德和几个同学挤到最前面，却被荷枪实弹的绿营兵挡住了，这些无能的绿营兵是在为法国兵站岗。他们后面站着一排趾高气扬的法国兵，端着步枪，不可一世地鄙视着每一个中国人。

清朝总督点头哈腰地陪着法国领事走来，月台上，几个西装革履的法国人昂首阔步……

“呜——”远处传来了汽笛声，车站里奏起了欢迎曲，一辆黑色的机车拖着长长的列车缓缓地驶进车站。车头两边，各站着一个穿红礼服、戴高帽子的法国兵。车头上方，并排插着法国的三色旗和中国的黄龙旗，那三色旗刺痛了朱德的眼睛。

“呜——”朱德身边的一个同学忍不住失声痛哭……朱德双腿发抖，心像被毒蛇咬了一般绞痛，他也痛哭了起来，几个同学也跟着痛哭了起来。大男人的哭，哭得天地颤动，哭得身边绿营兵手里的枪都在发抖……

帝国主义修的铁路，像一条粗大的血吸虫，那车头就像血吸虫的头。血吸虫爬进了祖国的内脏，接着，满载荷枪实弹的侵略军陆续涌了进来。朱德对他们恨之入骨，恨得双手不知往哪儿摆……

“帝国主义亡我之心不死，中国人必须起来与他们斗争！”

“学好本领，雪耻救国！”

朱德默念着。

从车站回来后，某一个傍晚，那个在车站第一个放声大哭的同学来到朱德的床边，小声地问正在看书的朱德：“你听说过孙中山先生领导的同盟会吗？”

朱德回答：“听说过，我还一直在找它呢！”

“找到没有？”

“还没有，可我相信终究会找到的。”

那个同学双眼一亮，笑着说：“朱德同学，今天你算找到了。”

朱德心里一惊，急忙把手伸过来，两双滚烫的手握在一起，紧紧的，紧紧的……

共同的努力，共同的哭声，换得肝胆相照的信任，这是同志之间的握手啊！此后，朱德秘密加入了当时最先进的组织——同盟会！

朱德还介绍他在同学中组织的“五华社”（取五华山之名）的成员范石生、杨如轩、唐淮源、李云鹄，加入了同盟会！

13 重九起义

1911 年 10 月 30 日，农历九月初九，重阳节。这是蔡锷等人秘密决定的云南重九起义的日子。

但这一天，临时发生了一件意外的事情，导致起义提前发动。这天晚上 9 点左右，昆明北校场的七十三标士兵正在为准备起义而抬运子弹，不巧遇上北洋派值日队官查究，情绪激昂的士兵开枪打死了这几个军官，这部分起义军随即攻入昆明北门，进攻五华山和军械局。正在巫家坝布置起义的蔡锷，听到北校场已经发动，立刻下令第七十四标士兵也提前出发攻城，宣布云南起义。

朱德于当年 8 月从云南陆军讲武堂特别班毕业，被分配到由蔡锷领导的第十九镇第三十七协第七十四标第二营左队当副目（相当于副班长），后任司务长。

朱德利用职务之便，完成了同盟会交派的任务：在士兵中宣传保路运动，宣传同盟会纲领，为云南起义创造条件。这项工作很危险，暴露了就要杀头。朱德发现队伍里哥老会成员较多，哥老会成员中四川老乡也多，于是他又秘密参加了哥老会。朱德利用这两种身份在队伍中周旋，在士兵中播下了革命种子。

1911 年 10 月 10 日，武昌起义一声枪响，标志着辛亥革命全面爆发。这一胜利的消息，极大地鼓舞了云南革命党人。朱德经讲武堂总办李根源引荐，很得蔡锷将军的赏识，二十五岁的朱德这时已被指定接替所在连的队官（即连长）职务。朱德随起义军浩浩荡荡地从巫家坝向省城进发，他英姿飒爽，健步如飞，走在整个队伍的前面。

午夜 12 点，朱德率起义军来到省城东门。根据事先的秘密约定，城里的革命党人立即打开了城门。这时，朱德下令："跑步进城！"

城内枪声四起，敌人乱了套。朱德带着部队甩开零散敌人的纠缠，直插总督衙门。

云南总督衙门坐落在昆明城南门内，五华山南麓。衙门四周高墙矗立，墙内外工事坚固，还有两个营的兵力和两个机枪连守卫。朱德早就秘密结识了总督衙门的卫队营营长李凤株，并且通过他了解到反动当局捕杀革命党人的罪恶计划。

朱德让士兵们向衙门里喊话："卫队营的弟兄们，站过来吧，让我们团结携手，共同消灭李经羲。"

很快，李凤株闻声接应，并带领全营向朱德的起义军缴了械。朱德旋即带战士冲进了总督府，但经审问俘虏，得知李经羲已化装潜逃。第二天，朱德亲自在四集堆一个姓萧的巡捕家里抓住了他。这个往日在国人面前不可一世的云贵总督，那天在法国人面前却点头哈腰……

朱德怒火中烧，恨不得一枪毙了他，来真正释放从火车站回来后那压抑的情绪……但考虑到留着他还有用，朱德便将这条在面前直打哆嗦的丧家犬，关押在起义军总司令部。随后，他又率队杀向了五华山。

此时，已是10月31日拂晓。李根源率步兵七十三标和云南陆军讲武堂起义师生，从四面八方包抄，夺下了军械局，缴获了大批武器，枪弹得到补充，起义军士气大振。蔡锷将军亲临战场，指挥起义军集中火力，从四面杀向五华山。

战斗一直持续到10月31日夜晚，起义军全歼五华山守敌。

红日东升时，起义军在五华山上大会师，红旗林立，呼声震天。

当天，被俘的云贵总督李经羲为了活命，不得不写信给滇东、滇南的镇守使，要他们停止抵抗，缴械投降。就这样，云南清朝巡防营共一万多人放下了武器。几天之后，云南全省改换了共和旗号，宣告光复。

重九起义至此宣告完胜。云南是武昌起义后第五个起义响应的省份，也是西南各省中第一个独立的省份。

重九起义是中国革命史上的一个重大事件，也是朱德戎马生涯中的第一次大捷。五十年后，朱德还激情满怀地赋诗赞颂重九起义：

同盟领袖是中山，推翻清室争民权。
起义武昌全国应，废除帝制几千年。

云南起义是重阳，下定决心援武昌。
经过多时诸运动，功成一夜庆开场。

14 纳溪大捷

云南光复后，为援助四川革命党人，朱德被云南军都督府都督蔡锷派去随第二梯团回川半年，其间升任连长，授上尉衔。四川统一后，1912 年 3 月，朱德随援川滇军返回云南。5 月，在昆明举行的援川军庆功会上，朱德获得“复兴”和“援川”两枚勋章。秋季，他重返讲武学校（即原来的讲武堂），担任学生队区队长兼军事教官。

这一年，朱德与萧菊芳在昆明结婚。

1913 年，朱德得知国民党领导人宋教仁惨遭刺杀。他所憧憬的统一、民主、独立、进步的国家没有出现。

这年夏天，朱德回到他原来的部队，升任步二团一营营长。第二年，朱德调往蒙自、个旧一带剿匪平乱。1915 年 12 月，朱德在滇南边疆听到袁世凯宣布恢复帝制，异常气愤。

辛亥革命后，清帝宣布退位，不久孙中山被迫解职，让位于袁世凯。革命党人苦心奋斗，终未达到建立资产阶级共和国的目的，辛亥革命以失败告终。

袁世凯接受日本帝国主义企图独占中国的“二十一条”，全国人民掀起了护国讨袁的爱国运动。1915 年 12 月，蔡锷从北京辗转日本、香港、越南秘密回到了昆明，此后在五华山召集会议，组成护国军讨袁。

一天，朱德接到一封密令，拆开一看，原来是蔡锷将军在昆明亲自签署并颁发的护国讨袁起义密令。朱德惊喜地看完密令，好像在黑暗中重见曙光。他立即通知革命意志坚定的军官开会，宣读护国讨袁誓词：

> 拥护共和，吾辈之责。兴师起义，誓灭国贼。
>
> 成败利钝，与同休戚。万苦千难，舍命不渝。
>
> 凡我同仁，坚持定力。有渝此盟，神明共殛。

12 月 25 日，朱德率领起义官兵，打起护国军大旗，浩浩荡荡向昆明进发。朱德在昆明与蔡锷将军会合，并参加了组建护国军参谋会议，被任命为护国军第一军第三梯团第六支队队长。

1916 年 2 月上旬，蔡锷指挥护国军第一军进攻泸州，正好遇上了袁世凯紧急调来的十几万征滇军，企图拦击和消灭当时只有六千人的护国军第一军。护国军攻泸州之役变为保卫纳溪之战。

随后，两军在棉花坡展开激烈的争夺战。

棉花坡位于嘉陵江和永宁河之间，江河沿岸山峦连绵，与泸州隔江相望。张敬尧妄图借助天险，阻击护国军攻占川南要镇泸州。

由于征滇军设防坚固，武器精良，护国军几次进军均未奏效。

护国军第一军团总指挥蔡锷将军亲临纳溪前线指挥战斗，此时朱德已为第三支队指挥官。蔡锷指着征滇军阵地的一个制高点对朱德说："必须想办法拿下那个制高点。"

朱德毫不犹豫地点头说："我保证，明天早晨我将在那个制高点上向您报告胜利的消息。"

朱德回队鼓舞士气，他环视衣衫单薄的士兵们，高声说道："我们为保卫共和而战，生为共和的人，死为共和的鬼。不推翻袁贼，我朱德死不瞑目。……"

漆黑的夜里，朱德率八十名敢死队员，神不知鬼不觉地摸到离征滇军三四十米的地方潜伏下来，等待敌人入睡。

一听到工事里发出沉沉鼾声，朱德就忽地从地上弹起身，高呼："打！"

刹那间，敢死队员像雄狮一样扑了上去。这半夜突如其来的喊杀声，使敌人一时摸不着头脑，他们衣服也来不及穿，枪也来不及找，就四处溃散，被一举全歼。

奇袭成功，山顶上燃起了熊熊大火。

久攻未克的制高点终于被朱德的敢死队拿了下来！一直伫立在阵地上的蔡锷，这时才兴奋地坐下来歇下腿。他高兴地对身边的总参谋长罗佩金说："朱德是我们护国军的骄傲啊！他应该得到最高的奖赏！”

拿下制高点，战局迎来重大转机。虽然敌人还驻守朝阳观等阵地，但都处于护国军的枪口之下。在这场持久的阵地战中，朱德指挥士兵凭借高地这个舞台，上演了一出出惊心动魄的活剧，士兵们无不佩服朱德的军事才能。

3月16日晚，朱德参加指挥所营以上干部作战研究会议。第二天，新的激战开始，朱德率敢死队猛虎下山，冲向敌碉堡，敌人吓得丢盔弃甲，或下跪投降，北洋军阀吴佩孚吓得化装成商人逃往重庆。朱德率护国军乘胜追击，杀向棉花坡。蔡锷指挥全面反攻。宜宾、泸州一带的北洋军节节败退。

朱德攻占棉花坡后，立即率军进攻纳溪和泸州。

纳溪一仗共打了四十多天，朱德和他的士兵们一直战斗在最前线。他们注重对百姓做宣传工作，让百姓知晓护国大义；他们对百姓秋毫不犯，得到百姓大力支持，百姓自发为他们运弹药、修工事、挑水送饭、照顾伤员。

一次，一个放牛娃来向朱德报告，说他知道敌人的炮兵阵地在哪儿，并自告奋勇为护国军做向导。朱德立即派了一个支队，顺利迂回到敌炮兵阵地包抄。等到正面战场战斗打响，伏兵奋起冲锋，敌人措手不及，丢下大炮四散逃命。

护国军见敌后阵地起火，知道奇袭成功，遂向敌发起全面进攻。敌腹背受击，被全部歼灭。

朱德率领队伍获纳溪、泸州大捷，喜讯传遍川南城乡。

云南护国军第一军同北洋军在泸州、纳溪的战斗，是全国护国战争中具有决定性意义的一次战役。六千人的滇军战胜了十几万号称“不可战胜”的北洋军，以少胜多，堪称军事奇迹。此役对推动全国掀起反袁高潮发挥了巨大作用。

纳溪大捷震动了大西南，西南各省反袁运动的高涨震撼了全国。

6 月 6 日，袁世凯众叛亲离，在全国人民的一片唾骂声中一命呜呼。护国战争至此宣告结束。

朱德以卓越的军事才能，让滇军打出了威风。“朱德”这个名字从此威震敌胆，被广为传颂，众人称誉“四大金刚，朱德第一”。

15 两座德政碑

1917 年 7 月，朱德被委任为靖国军第二军第十三旅旅长，驻防泸州、南溪、自流井一带，担负清剿川南土匪、维护社会治安的重任。

朱德剿匪，民治为本，德治为先。剿匪工作走群众路线，依靠乡民，掌握匪情，分化瓦解。

泸州一匪首“陈大眉毛”，手下聚匪众近千。朱德亲自给“陈大眉毛”写信，劝他弃恶从善。他看了朱德的信，痛心地说：“朱旅长是仗义之士，我不忍心与他作对。你们打算回家的，发两块大洋。”当场几百人表示愿意回家，不愿回家的，不久也跟着“陈大眉毛”离开泸州从军去了。

也有一些土匪无视朱德部队张贴的剿匪告示，且变本加厉，搞乱朱德剿匪阵线，装扮成滇军，说是朱旅长派来帮助镇里清乡的，要求各家各户送鸡献鸭，出钱捐款。1918 年春节，朱德接到宜民镇的百姓来信，愤慨地说：“这帮匪寇竟敢冒充滇军清乡，匪寇不除，百姓无安宁之日！”

当天，朱德带领一个连，赶到宜民镇。部队悄然住下，装扮成老百姓在田里干活。黄昏时，一股土匪大摇大摆进村来了，对在田里干活的农民喝道：“我们是清乡队，你们有钱的出钱，有粮的出粮。”朱德见土匪来了，示意士兵们马上收工。十几个便衣士兵分成两拨，一部分走在土匪前面，一部分跟在土匪后面。趁他们不注意时，朱德一声令下，士兵们前后合围，捕获了这几个土匪。

根据土匪的口供，朱德将计就计，让被俘的土匪引路，他亲自带一个排装扮成挑夫，假装给土匪送粮。结果，朱德率队将藏在山洞里的土匪全部抓获。自此以后，全镇的秩序有了保障，农民复耕，学生复课，商人开业，老百姓安居乐业。

1918 年 5 月 21 日，正逢赶集日，一群土匪身背大刀、短枪，肆无忌惮，目中无人，在大街上逛来逛去。趁匪首带着一帮土匪在茶楼喝茶时，朱德派出几名便衣，大步走进茶楼，掏出手枪，对准匪首戴步洲和文安全，大声宣布：“我们是朱旅长的部队，奉命来况场捉拿你们。”话音一落，两名匪首便被捆走了。

趁赶集日，朱德登上一个高台，向乡民发表演说，重申部队纪律，要群众分清是非，并号召群众大胆检举土匪。朱德还宣布了“歼首要，赦胁从，缴械投诚者免死”的政策。

但这一次，最大的匪首陈子光未被捕获。他带领一班土匪盘踞在一个岩洞里，拒不投降。任士兵们怎么喊话、开枪，他们就是不出来。朱德观察了一会儿，下令："若不投降，坚决消灭！"他命令机枪班封锁洞口，另派几名勇猛的士兵从崖顶下来，在洞口烧辣椒，往洞口灌烟。土匪被熏得受不了，只好出来突围，却恰好撞到朱德部队的机枪口上，被一举歼灭。

之后，朱德部队又在忠信乡把另一个匪首周富云捕获。这时，周家搬来亲戚穆炳银说情，并表示愿以巨款把周富云赎出来。穆炳银神气十足地坐着滑竿，来见朱德。朱德问明来意，冷笑两声，说："你竟敢包庇土匪，真是一路货色，我只好对你不客气了。"他说完，手一摆，命令士兵们将穆炳银和周富云一块拉出去枪毙了。

朱德宽严有度。况场刮起的剿匪旋风，席卷了忠信、崇义、宜民三地，震撼了远方乡民的心灵。老百姓兴高采烈，东躲西藏的匪徒惶惶不安，越来越多的土匪选择缴械投降。一天，一个名叫徐焕廷的土匪，双手捧枪，来到旅部。朱德问他："你为什么当土匪？"徐焕廷哭丧着脸说："我是被土匪抓上山的，他们不让我回来，没有办法，我只好待在山上。"

朱德通过调查，得知徐焕廷确实没干过什么坏事，对他说："你过去是个规矩人，土匪抓你当挑夫，你不该同他们同流合污。今后你要真心实意地改恶从善，回家去吧！"徐焕廷向朱德深深鞠躬，把枪放在地上，回家老实种田。

终于，川南地区的匪患被荡平了，老百姓安居乐业。此后，朱德声名远播，连仪陇的老百姓都知道了他的英雄事迹。朱德的亲人们更是扬眉吐气，觉得送朱德读书这条路没走错，他们的苦没白吃。如今，朱德当了大官，为民除害，忠信乡和宜民镇还为他立了德政碑。朱德的生父、伯父用手抚摸这两座两米高、半米宽的青石碑，含着热泪说："我的狗娃子，做了好官！……"

这两座德政碑，一座立于1918年9月中旬，位于朱德经常与忠信乡乡民攀谈的金狮坝。碑的正面刻着"救民水火"四个大字，并刻着这样一段碑文：

仪陇朱旅长玉阶，勇于治匪。自奉令清乡，不阅月，而匪焰息。回忆吾泸自去夏至今春，受匪患最深。而忠、崇、宜三镇尤甚。忠信介崇、宜之间，为匪集中地，故被害益烈。今者，士民安靖，无异畴昔，果谁之赐欤？其于旅长又焉能已于言也。因镌刻"救民水火"四字于石，以垂不朽。为旅长颂，且志吾痛焉。

忠信阁镇士民恭颂

中华民国七年九月中浣立

另一座立于1918年12月4日，位于朱德在宜民镇驻防时常与百姓交谈的玉真河凉亭附近。碑正面镌刻着"除暴安良"四个大字。碑文为：

靖国第二军第十三旅兼四川下南清乡司令官朱大人玉阶德政

除暴安良

宜民全镇人民同建

中华民国七年十二月四号谷旦

这两座颂扬朱德的德政碑，如今依然屹立在川南泸州大地上。

16 弃官苦寻共产党

大军阀以“武力统一”相号召，小军阀以“保境安民”为借口，在帝国主义的支持下，互相争夺权力和地盘。混战无休止地进行着，人民依然生活在水深火热之中。这些年，官也当了，本以为可挽救革命，重建共和，但全国已陷于军阀割据的混战局面，希望渺茫。

1919 年的五四运动，使朱德的思想发生了重大转折。他作为泸州的一位爱国将领，积极支持学生和商人的行动，抵制日货，销毁日货。他在泸县中学向学生们发表演说，进一步指出：“抵制日货固属当举，而徒恃抵制，不提倡国货，非根本之法。”他提出两个办法：一是合股开办国货贩卖所，二是开办自己的工厂。国货普及了，自然可以有效地抵制外货。这时，大量的进步书刊传到泸州，朱德从这些书刊中接触到马克思主义、无政府主义等种种思潮，大大打开了眼界。他对这些新思潮产生了浓厚兴趣，在好友孙炳文的帮助下，他开始用一种新的眼光，去探寻中国的出路。

讨伐唐继尧时，朱德就同孙炳文商定，让孙炳文先去北京，他准备在推倒唐继尧后，再前往北京同孙炳文会合，然后两人一同到国外去考察学习。

1922年，云南政局又发生重大变动。逃亡香港的唐继尧趁滇军奉孙中山之命准备北伐的机会，纠集广西的滇军旧部，同奸细里应外合，突然向昆明发动进攻。唐继尧重掌云南军政大权。

3月27日，唐继尧对朱德发出通缉令。

本来，朱德对这种军阀混战的局面早已彻底绝望，讨唐胜利后他就向滇军总司令顾品珍提出了辞去军职、离开云南的请求。但他的朋友们再三挽留，要他留下来为巩固新政权效力。朱德同他们有着多年的袍泽关系，只好暂时不走，先后担任了云南陆军宪兵司令官、警察厅厅长，后又兼任云南省催收铁路局借款处专员及复查锡务公司账项委员长。他忠于职守，严格执法，彻底清理了官僚和奸商拖欠铁路局的款项，惩治了贪官污吏。然而，云南的现实越来越让他失望，他对所谓的新政权挽回连年战乱带来的损失，使老百姓安居乐业，产生了怀疑，失去了信心。他并没有忘记同孙炳文出国考察学习的约定，工作之余常去昆明育贤女子中学跟着英文教师学习英语，积极地做着出国留学的准备。工作中，朱德越发感觉到老上级顾品珍心胸狭窄，非常专横，连学生们利用暑假演出宣传新思潮的活动，都要警察厅严加禁止。这种新政权使他投笔从戎、救国救民的希望成为空想。这就促使朱德下决心离开云南。

星夜，朱德和金汉鼎、唐淮源等人带一队人马离开云南，罗佩金带领卫队追随而来。患难中故旧相见，格外高兴。

只是，他们对今后的去向意见难以统一，罗佩金要从楚雄、大理方向去往缅甸，朱德一行决定从四川出金沙江方向离开。朱德等人同罗佩金只好就此分手。

“人各有志，事到如今，只好分道扬镳了。但愿我们后会有期，能在云南这块土地上再次相见！”朱德感慨地说。

罗佩金到达楚雄时，他在楚雄的部下出卖了朱德，为求功邀赏，把朱德和金汉鼎等人北上的消息告诉了唐继尧。朱德一行在滇北的崇山峻岭中，不断遭遇追兵，危险重重。

穿林海，攀悬崖，沿山间马道，朱德等人终于来到金沙江边的渡口。

金沙江水像被激怒的一群雄狮，两岸悬崖刀砍斧劈一般陡峭，后面追兵不断，眼下唯一的出路是乘船离开，哪怕只是一叶小舟也好啊！

“有船吗？过江了！”朱德面向咆哮的金沙江发出歇斯底里的呼喊。

正在几位曾在蔡锷麾下身经百战，攻破无数堡垒、渡过无数险关的青年将领感觉回天无力、走入绝境时，一叶小舟乘风破浪顺流而下……

“船，那边有一只船！”

在将士们的呼喊声中，小船靠岸。船老板叫曾海若，以摆渡为生。他听说眼前的部队是当年护国讨袁的滇军，面前站着的正是血战纳溪棉花坡的朱德，倍感亲切。他拍着胸脯，对朱德说：“请放心，有我曾海若在，就有你们在。别说是金沙江，就是火海，我也要把各位老总送过去！”

朱德等人总算安全渡过了金沙江，等到再次启程时，他们得知罗佩金在楚雄方向被部下杀害的消息。

出发不久，朱德等人突然被团团围住，胸口都对上了黑洞洞的来路不明的枪口。

“给老子放下家伙，举起双手！哪个反抗，就先敲掉他的脑壳。”领头的操浓重的四川口音，其余的也跟着大喊大叫。

危急关头，朱德镇定自若，他说：“来将不通姓名，就要收枪，未免有点不近情理了。弟兄们都是闯荡江湖的人，我先把话说在明处，如何处置，那就悉听尊便了。”他用拇指往后一指，接着说：“这位是滇军代总司令金汉鼎将军，那位是唐淮源将军，敝人是朱德……”

小头目见说话的人威严镇定，非等闲之辈，又讲一口地道的四川话，一听他报出“朱德”这个名字，便傻眼慌神了。原来他是令北洋军阀闻风丧胆的朱德，小头目立即下马，上前施礼。

朱德得知他们是四川边防警备队的人，心里一块石头才落地。朱德说他们只是紧急路过，不会停留打扰。可按规定，他不得不派代表去同边防警备队雷云飞谈判。

雷云飞听说是朱德过境，亲自出来迎接。

朱德一见行礼手势，就知道雷云飞曾是哥老会的成员，便主动用哥老会黑话应对他的盘问，令在场的人惊叹不已。

辛亥革命前，朱德也参加了四川哥老会，早就听闻雷云飞是条有胆色的好汉。

这时，只见雷云飞双膝跪地，对朱德说："久闻大名，未曾相识，我们原本就是一家人。今日相见，我雷云飞三生有幸！"

"既是一家人，也就不说两家话，免礼了！"朱德连忙拉起他。

一场虚惊换得盛宴款待。雷云飞杀猪宰羊，大摆筵席，三百人出来作陪。

筵席上朱雷结盟。朱德将刻有"朱德"字样的一支德国造勃朗宁手枪、八支长枪作为见面礼，雷云飞则拿出三百光洋和一些礼物回赠。

雷云飞想留下朱德，以图共同发展。朱德说明了他的志向，婉言谢绝，并再送给雷云飞六十名卫队队员、六十条长枪短枪，以及心爱的坐骑大黑马。他嘱咐雷云飞：一兵一卒、一枪一弹都要用在正道上。

盘桓了十几日，朱德等人装扮成商人，只带了几个护卫上路，终于在 5 月中旬抵达南溪家中。

这次极为悲壮的逃亡，更让朱德看清了在军阀混战、穷兵黩武的旋涡里，根本无法实现他当年投笔从戎、强兵救国的美好愿望，结果只能为军阀们卖命当炮灰。这更坚定了他同新旧军阀决裂的决心。后来到了重庆，他又受到川军第二军军长杨森的热情款待。杨森以师长一职相挽留，朱德表示自己决心出国留学，婉言谢绝了杨森的请求。

1922 年 6 月初，朱德乘船离开重庆，不久到达上海。在一位旧友的帮助下，朱德住进了法国租界内的圣公医院。这些年军阀混战，朱德深感郁闷无奈，慢慢地开始吸烟。但在他立志重新上路，要去寻找马列主义、寻找共产党时，他毅然在这里用一个月时间把烟戒掉了。

7 月初，朱德戒了烟，乘火车赶到北京，在宣武门外一所宅院里见到了阔别两年的孙炳文。他们整日整夜地一边在北京、大同、张家口等地考察，一边谈论，谈到中国共产党成立一年来中国革命所发生的根本性变化，谈到在全国各地掀起的大规模罢工热潮，谈到中国共产党组织领导的第一次全国劳动大会。他们感到，中国共产党是中华民族的希望。

朱德高兴地说："中国共产党是一个反帝反封建的党，正是咱们跑遍了大半个中国所要寻找的啊！"

于是，他俩商定重返上海，去拜会中国共产党的领导人陈独秀。

不久，通过孙炳文引见，朱德在上海拜会了孙中山。孙中山比朱德大二十岁，是朱德从青年时代起就十分景仰的革命先行者。对于孙中山先生坚韧不拔的革命精神，朱德十分敬佩。但是，十多年的亲身经历，使朱德对孙中山希望借助一部分军阀去打倒另一部分军阀的做法已不再相信。因此，当孙中山建议朱德重回滇军工作，组织驻贵滇军，讨伐广东军阀陈炯明，并答应先付军饷十万元时，朱德表示自己已办理出国学习手续，婉言谢绝了孙中山的要求。孙中山又向他建议，若出国学习，不如去美国。朱德再次谢绝了孙中山的建议，他诚恳地回答:“我们愿意到欧洲,是因为听说社会主义在欧洲最强大。”最后,孙中山接纳了朱德的意见。后来,随同朱德来见孙中山的金汉鼎,接受了孙中山的建议,组建驻贵滇军。

几天后,朱德又在上海闸北的一所房子里见到了中国共产党中央执行委员会委员长陈独秀,向他提出了入党的要求。像朱德这样在旧军队中有着很高地位的人要求参加中国共产党,这在以前是不曾有过的。陈独秀说:“要参加共产党的话,必须以工人的事业为自己的事业,并且要时刻准备为它献出生命。像你这样的人,就需要长时间的学习和真诚的申请。”这次会面,陈独秀没答应朱德入党的要求,对朱德的态度也很冷淡。这迫使朱德把希望寄托于去国外寻找拯救中国的道路。

9月,朱德同孙炳文乘法国邮轮离开了上海,开始了去欧洲的旅行。这时的朱德已经三十六岁了。十几位同行者中,他和孙炳文的年龄是最大的。

邮轮经过香港、西贡、新加坡、孟买、地中海,航行了四十多天,终于在法国南部的马赛港停岸。当天,朱德和同伴们换乘火车来到巴黎。他们在巴黎的一个中国商人家里住下。在这里,他们得到了一个渴望已久的好消息:旅欧留法勤工俭学学生中,最近建立了“中国共产党旅欧党支部”,负责人是一个名叫周恩来的留学生。朱德终于在国外找到了共产党,他兴奋极了,急忙同孙炳文一起乘火车赶到了德国柏林。这正是马克思的故乡,他仰慕已久的一片土地啊!

这时，担任旅欧中国少年共产党中央执行委员会宣传委员的周恩来，正在柏林考察德国劳工运动状态，主要工作是在留德学生中建立和发展共产主义组织。

傍晚时分，朱德和孙炳文来到周恩来在柏林瓦尔姆村皇家林荫路的住处。朱德的心情是喜忧参半的，他想起在陈独秀面前所受的冷遇，周恩来会热情接待他吗？会不会还像陈独秀那样，因为他有旧军队的经历而被拒之门外？

门开了，一个英姿勃发、面目清秀的青年将他们迎进屋，很客气地请他们坐下。这个人就是周恩来。

周恩来关切地询问："请告诉我，有什么事需要我帮忙吗？"

周恩来的热情，一下子驱散了朱德心头的疑云。他们一开始就谈得很投机，朱德也知道了周恩来比自己小十二岁。朱德说明来意，激动地讲起自己寻找革命道路的经历：如何弃教从军，参加辛亥革命、护国战争、护法战争，如何为理想去了云南，怎样逃出云南寻找共产党，见到了孙中山，又被陈独秀拒之于大门之外，怎样为寻找自己的新生命和中国革命的新道路而来到欧洲。他如实道来，最后恳切地提出了自己的要求，希望加入中国共产党，并表示一定会好好学习，努力工作，为共产主义事业而奋斗终身。

周恩来细心倾听朱德的叙说，还不时地在本子上记录着。朱德从他那关切的目光中，感受到了从未有过的信任和支持。

周恩来非常高兴，认为像朱德这样一位在推翻清王朝的资产阶级民主革命中有重大贡献，毅然抛弃高官厚禄，远渡重洋，冒死寻找革命真理的人，完全可以成为一名无产阶级先锋战士。于是，周恩来满腔热忱地答应了朱德的要求，同意与张申府一起，介绍他加入中国共产党。

1922 年 11 月，经过国内党组织批准，朱德由一名候补党员成为一名正式党员。朱德历经千辛万苦，终于在异国他乡寻找到这个反帝反封建的马列主义组织，他面对党旗庄重地举起了右手……

17 面对右派的拳头

朱德留在了马克思的家乡。

留德学生会会长魏嗣銮与朱德、孙炳文是同乡，异乡见老乡，两眼泪汪汪。朱德在魏会长的帮助下继续学习德文，这一时期，他一边学习，一边在留学生中进行革命活动。

中共旅德支部哥廷根小组每周三召开一次党小组会，这是朱德在哥廷根的一项主要活动。他们把《共产党宣言》《社会主义从空想到科学的发展》《帝国主义是资本主义的最高阶段》《唯物史观》，以及《共产主义 ABC》等著作作为必读书。此外，他们还学习《向导》和《国际通讯》上刊登的有关世界革命与中国革命的文章，大家一起探讨中国革命和世界革命的具体问题。

1924 年 3 月，朱德进入盖奥尔格—奥古斯特大学哲学系，专修社会学。在留学生中，朱德年龄最大。他待人诚恳，学习刻苦，受到大家敬重。不久，他当选为哥廷根中国留学生会的负责人。

12 月，朱德等人在哥廷根市政局办了移居手续，乘火车返抵柏林。该年年初，国民党召开了第一次全国代表大会，实现了第一次国共合作，执行孙中山先生的“联俄、联共、扶助农工”三大政策。不久，柏林成立了中国国民党驻德支部，朱德被中共旅德支部派往国民党驻德支部工作。当时，他还没有公开自己的共产党员身份。1925年，他当选为国民党驻德支部的执行委员，分工负责组织工作，工作对象主要是留学生。

国民党改组后，党内的右派极力反对国共合作。国民党左派和右派之间的斗争，还影响到留德的学生。学生亦分成两派，常常展开激烈的辩论，有时甚至动起武来。

基于此，朱德主持创办了《明星》刊物，向留学生宣传新三民主义和国共合作的政策，争取中间立场的学生，同右派势力做斗争。

中国留德学生总会设在柏林市中心繁华的康德大街122号。这是一座有阁楼的两层小楼，有七八个房间。共产党和国民党左派学生经常在这里活动，来往柏林的一些革命同志也常在这暂住。可想而知，这里一时间成了共产党和国民党左派的一个活动中心。因为是留学生总会，各派学生都有钥匙，可以自由出入。国民党右派学生打出了“青年党”的旗号，企图独占此楼。

一天，几个右派学生把大门锁了，并贴出告示：“此楼过去被共产党霸占，现在要收回失地……”

左派学生毫不示弱，用斧头劈开门锁，重换新锁，也贴上告示：“留学生总会受孙中山先生的国民党驻德支部领导，留德学生都有权使用。任何个人和组织都无权独占。"

这天，朱德、孙炳文、刘鼎等几个人，正在楼里整理刚刚编印好的《明星》周刊。突然，涌进一群右派学生，个个挽着袖子，攥着拳头……看得出这是要用武力来抢夺场地了。

领头的冲着朱德大声叫嚷："我们要收回失地，限你们八小时内滚出去，否则我们就不客气了。"他边说边在朱德面前挥舞着拳头。

刘鼎见他们人多势众，真要打起来，恐怕会吃亏。他在一旁小声地问孙炳文："是否报警？"

"咔嚓"一声，孙炳文还来不及回答，朱德就用行动做出了回答：他飞起一脚，挑起身边的一把椅子，趁椅子还未落地时，抓在手里甩在地上，椅子散了架。

朱德顺手捡起两根椅子腿，立在墙根，冲着右派的学生喊道："你们这些不要脸的东西，还奢谈'恢复失地'，在自己同胞面前逞威风，充好汉，可耻！滚出去，立即给我滚出去，否则别怪我手下无情！"

朱德平素待人宽厚、和善，穿着朴实得像个农民，可他的俭朴和恭谦礼让不免让人误会他软弱可欺。没想到那样友善的人，一下子变成了怒目金刚，吓得那个领头人脸色苍白、踉跄后退，其他右派学生也一个个灰溜溜地跑了。

一场风波之后，小楼恢复了平静。从此，右派学生老实多了，再也不敢胡闹。他们私下议论着：朱德力大过人，武功高强，浑身是胆，可是个惹不起的将军！

18 狱中的“朱将军”

作为留学生的朱德，在德国除了学政治以外，从没放松过对军事的学习。他在哥廷根住文德路 88 号。房子的主人是一位男爵，也是参加过第一次世界大战的德国将军。朱德很尊敬他，请他当老师。为了深入了解世界近代战争，朱德在学德文的同时买了许多德文的军事书籍，请房东为他辅导，并请他讲解第一次世界大战的典型战例，研究其战略战术。朱德在他家住了五个月，这一时期，他潜心研究了世界近代战争的历史和战法。

1925 年 5 月 30 日，上海发生了英国巡捕在南京路用排枪扫射游行学生，造成数十人死伤的“五卅惨案”。这个震惊中外的消息传到德国，激起了留德学生的极大愤慨，德国共产党组织开展了持续一个多月的支持中国的活动。北洋军阀中国驻德公使魏宸组对留学生的游行活动和冲击使馆的正义行动恨之入骨，他要求德国政府把参与活动的留学生驱逐出境。朱德的名字赫然列在第一名。

6 月 18 日晚，朱德又带领柏林的一部分留学生来到广场，声援中国、南非和保加利亚人民的革命斗争。当时，广场上有数千名各国留学生和德国各界群众，不少人走上讲台发表演说，控诉帝国主义和殖民主义的暴行。演讲会上群情激昂，虽天降暴雨，也没能影响大家的热情。

演讲会快进入尾声时，突然间，大批柏林警察冲入会场，逮捕了三十五名外国与会者，朱德也是其中之一。在大雨中，他们被押上了敞篷汽车，关进了亚历山大广场旁的警察监狱。

这座监狱五层楼高，不见门窗，也没有走廊，只有一条狭窄的悬梯直通楼顶，是一座古城堡式的监狱。

被捕的中国留学生除了朱德，还有孙炳文、房师亮、章伯钧、廖焕星、刘鼎等。他们被带到牢房的第三层，一人一间，单独监禁起来。大家都与外界隔绝了，只能在各自的天地里焦急不安。怎么控诉？怎么发泄？怎样才能冲出监狱？怎么办？……

"我抗议！你们逮捕中国留学生是非法的！"

"我要见中国公使！"

朱德在牢房里用德语怒吼。

他这一招还真灵。其他牢房的中国留学生立即响应，纷纷提出同样的抗议。抗议声越来越大，此起彼伏，传出监狱，不绝于耳。

"起来，饥寒交迫的奴隶！起来，全世界受苦的人！……要为真理而斗争……"

这时，又传出朱德的歌声，大家都跟着朱德唱起了《国际歌》。

三十五人慷慨激昂的大合唱，使无限的愤怒和控诉在夜空中激荡……

歌声把三十五个被隔离囚禁的人紧紧凝聚在一起，鼓舞着大家团结战斗；歌声的热量不知不觉地把身上的湿衣服蒸得干爽；歌声让德国民众很快关注了这一事件；歌声也搅得那些警察日夜不得安宁，他们知道带头的正是那位中国的“朱将军”。

第二天，德共中央机关报《红旗报》发表消息，揭露德国当局对中国留学生的迫害，质问执政的德国民主党：中国留学生对英帝国主义提出抗议，何罪之有？

由于舆论的压力和人民的反对，加上德国共产党领导人、国会议员、德国红色救济会负责人皮克的奔走，三天后，柏林当局不做任何解释，就悄悄地把中国留学生放了。但是，朱德等人的护照已被无理吊销，德国政府要把他们驱逐出境。

正在朱德的德国护照被吊销的关键时刻，朱德争取去苏联学习的愿望终于实现了。中共莫斯科支部执行委员会批准他赴苏联学习。7月4日，朱德等人在国际红色救济会的帮助下，办好了苏联的护照，登上了开往列宁格勒的轮船。

朱德离开了柏林，踏上了新的征程，“朱将军”这个名字却扬威柏林城。

19 特殊战斗

1926年春，正是国民革命军准备北伐的时候，革命与反革命的大搏斗即将来临。此时，朱德已在苏联停留了近一年时间。在此期间，他先后在莫斯科东方大学和莫斯科的一个秘密军事训练班学习。面对国内革命形势，他按捺不住回国参加战斗的激情。

5月18日，朱德获准离开莫斯科，同行二十多人于7月12日经日本回到上海。

三年半的国外生活，使朱德拓宽了视野。他看到了西方资本主义的文明与腐朽，更看到了社会主义的活力与生机。在马克思主义的影响下，他开始用新的眼光去观察世界和中国的问题。

当海轮驶入吴淞口的时候，海潮退去不见了，但朱德的心潮激荡不已……回国了，自己已是中国共产党的一员了，找到了一条要为此奋斗一生的道路。眼下的北伐革命，正是讨伐军阀、结束国家军阀混战局面的重要一役。朱德深感回国意义重大，把希望寄托在即将开始的北伐革命上。

朱德一见到军委负责组织工作的王一飞，第一句话就是要求尽快分配工作。根据军委部署，有两个去向：一是准备派一部分同志到广东去，二是将一部分同志派到四川或北方工作。

二十多个回国的同志要求不一。朱德知道了四川的主要政治任务，向组织提出：自己和杨森有交往，借过去的情面或可说服杨森，加上自己对四川比较熟，故申请去四川工作。王一飞答应考虑他提出的要求。

这次回上海，朱德再次见到了中共中央总书记陈独秀。陈独秀没有想到，坐在自己面前的竟是上一次见面时被他拒绝入党的朱德，他细细倾听了朱德在国外寻找党组织和学习的经历。

陈独秀同意朱德回四川，争取杨森，一同参加北伐。陈独秀知道朱德过去在滇军的影响力，要求他离开上海之前完成一项特别任务：利用在滇军中的关系调查军阀孙传芳和齐燮元的部队情况。

朱德没有暴露自己的真实身份，先在上海见了一些老朋友，寻找到接近孙传芳部队的突破口。接着，他又乘火车去了南京，因为南京是五省联军总司令部所在地。他在南京找到了滇军的旧相识，老友相见，无话不说。朱德很快弄清了孙传芳的实力和军事部署，圆满完成了回国后党交给他的第一项任务。

7 月 26 日，朱德离开上海。8 月 11 日，他同秦青川到达杨森的驻地——四川万县。

杨森在王家花园这个高级招待所热情款待了朱德。四年前杨森就想留下朱德当师长，如今朱德回来了，他自以为又多了一名骁将，非常高兴。

朱德向他表明了自己的身份以及此次入川所担负的使命。杨森听了朱德一番劝告之后一再表示，他早就渴望参加北伐革命，愿为国家统一大业效劳。但朱德了解杨森“有奶就是娘”的一贯信条，杨森此时肯定是脚踏几只船，一直在等待观望。

在此，朱德认识了陈毅。陈毅是四川乐至人，在法国勤工俭学期间因参加反对北洋政府出卖国家主权的活动，被法国遣送回国。后来，在李大钊的领导下，在北京从事国民革命运动。这次他正是受李大钊的派遣，来到杨森部队做兵运工作。

杨森把朱德介绍给陈毅。陈毅对朱德充满敬意，两人一见如故，共同商量如何设法使杨森投向北伐军。

朱德、陈毅经过艰苦的努力，终于让杨森接受了国民革命军的称号，易帜准备参加北伐革命。

9 月下旬，国民革命军总司令部正式委任杨森为国民革命军第二十军军长兼川鄂边防督办，朱德为第二十军党代表。

国内形势出现新的变化。蒋介石竭力反对国民政府迁都武汉，企图另立中央。他开始同帝国主义和封建买办势力相勾结，准备公开反共。杨森这时暗中派人同蒋介石来往，准备投靠蒋介石。同时，他和北洋军阀仍然保持密切联系。朱德看破了杨森的反革命两面派嘴脸。

一次，杨森主动找朱德，说他准备派一个军官考察团赴武汉参观考察，因朱德熟悉武汉方面的情况，希望朱德率团前往。朱德明白杨森的企图，决定率团赴武汉。

12 月底，朱德带领由杨森部八十余名中下级军官组成的军事政治考察团来到武汉。

领团来武汉不久，中共中央军委指示朱德，利用他原来在滇军的声望和同僚关系，选定国民革命军第三军为目标，到江西南昌着手创办军官学校，培养革命武装工作干部，以便从各方面展开革命活动。

这样，朱德离开了杨森部，来到了南昌，他受到了云南时期的老同学和同事朱培德的欢迎。当年云南陆军讲武堂的“模范二朱”又走在了一起。朱培德新近担任改编后的北伐军总预备队（后改为第五方面军）总指挥，权倾江西。他先后委任朱德为第三军军官教育团团长、第五方面军总参议，不久，又于 1927 年 4 月任命朱德为南昌市公安局局长。

朱德不在乎这些官衔，也不在乎当年的“模范二朱”中，自己是排首位的。留学回国后，虽比同学官职低，但思想境界比同学高，崇高的信仰理想早已铸就。朱德通过国外的几年马列主义理论学习，深感培养人的思想比什么都重要。于是，他把重点放在了办军官学校上，这是留学回国后难得的好机会。

蒋介石发动的“四一二”反革命政变和汪精卫发动的“七一五”反革命政变，终于让国民党反动派露出了分共并屠杀共产党的狰狞面目。轰轰烈烈的大革命彻底失败。

在国民党反动派“宁可枉杀千人，不使一人漏网”的屠杀共产党人的血腥口号和罪恶事实面前，中国共产党被迫领导武装斗争，决定举行南昌起义，向国民党打响第一枪。

中国共产党做出在南昌发动武装起义的决定后，朱德接受了党组织分派的又一项特殊任务：于 7 月 20 日乘船抵达九江，找到多年共患难的老朋友——时任国民革命军第五方面军第九军军长兼赣北警备区司令的金汉鼎。他们是一起逃出云南，寻找新的救国道路的生死与共的战友，又一起拜见过孙中山。因朱德放弃了孙中山的任命，去寻找共产党，金汉鼎留下来接受了孙中山的任命，继续走军阀打军阀的旧路。金汉鼎已成为军长，比朱德的官大多了。

朱德劝金汉鼎：“江西的这班人都是灰色的，不愿革命了。我们一同到广东去建立新的根据地。……”

不顾朱德苦心劝告，持有不同政治立场的金汉鼎没有答应。

7 月 21 日，朱德匆匆乘火车回到南昌，投入紧张的工作之中。

朱德领导的军官教育团成了南昌革命活动的一个基地和堡垒。周恩来作为南昌起义的总指挥，提前来到朱德的住处。两位在柏林就已相识，周恩来还是朱德的入党介绍人。他们住在一起，朝夕相处，共同谋划南昌起义。

正式宣布起义的前一天，朱德又根据其特殊身份，接受总指挥部的命令，于 7 月 31 日开始了一场特殊战斗：

朱德在佳宾楼设宴款待留驻南昌的第三军第二十三团、第二十四团军官。他们都是老同学、老同事朱培德的部下，大家都了解“模范二朱”。这时，朱培德本人到庐山去了。杯盏举起时，朱德也曾思量：为人为友本应真诚仗义，但是为真理而奋斗的人，只有真理最真，必须仗民族之大义。

“干杯！……”朱德不断地找话题向客人劝酒，把吃饭的时间尽可能拉长。

饭吃完了又安排大家搓麻将。

突然，一个人闯了进来，心神不安。朱德并不认识他，那个人说他是云南人，名叫赵福生，是起义军第二十军的一个副营长。他向这些军官报告：“刚接到命令，要我把自己辖区内的滇军解除武装……但不知道是不是应该对自己的老乡下手，该怎么办？”

宴会厅气氛猛然紧张起来，片刻鸦雀无声。

朱德马上意识到他肯定是起义军中的一个叛徒，他哈哈一笑，缓解气氛，若无其事地说：“在这乱糟糟的时光里，真是什么样的谣言都有。大家请接着打牌，用不着操心。”

但这些军官们左顾右盼，心里发虚，不敢久留，相继起身告辞。其中一个军官临出门时，还很神秘地对朱德说：“今晚恐怕有暴动！”

为避免他们猜疑，朱德只好含笑在门前送客。

等客人走完，朱德立即赶到司令部告诉贺龙消息已经走漏。于是，起义提前两个小时发动。

“砰！砰！砰！”8 月 1 日凌晨两点，起义信号枪终于顺利打响。

20 | “伙夫”智存“火种”

南昌起义激战至拂晓，全歼守军三千余人，缴获各种枪支五千余支（挺），子弹七十余万发，大炮数门。当日下午，驻马回岭的第二十五师第七十三团全部、第七十五团三个营和第七十四团机枪连，在聂荣臻、周士第率领下起义,8月2日到达南昌。南昌起义大获成功!

但起义后的南下军事行动失败了。三万余人的起义部队被打散，起义领导分散转移，剩下的就只有朱德率领的这支南下孤军。朱德当时被任命为国民革命军第九军副军长，从三河坝、潮汕撤出来的起义军余部转移至饶平后，这支两千五百人的队伍，已经与起义军党组织失去联系。这时，附近五个多师四万余人的国民党军队，从四面八方向这支起义军余部扑来，起义军余部到达江西大余时只剩下七八百人。

真可谓“群龙无首，万马齐喑”，挫败丧气的情绪笼罩着全体官兵。经不起失败打击的人不辞而别了，没有离队的也没有心思打仗了。过去七十三团具有英勇顽强的光荣传统，如今士气低落得已无力进行战斗，“连土豪劣绅的乡团都可以缴我们的枪”。在此期间，还有人散布这样的言论：资产阶级再度出卖了革命，而且与封建地主和帝国主义连成一气，势力大得无法抵抗，继续进行革命斗争是不折不扣的冒险主义。

在四面临敌，无供给、无援兵，队伍完全失去革命信心的危局面前，朱德作为这支队伍的最高领导人，他毅然肩负起为党保存革命火种的责任，哪怕只剩最后一个人了，也要坚持不让火种熄灭。

朱德指出：“我们打的是一场殿后战。如果不打起精神继续斗争，那就会使军心涣散。工人和农民已经穷到了不作战便死亡的地步，打死了总比当奴隶光荣得多。成千上万的老百姓心头燃烧着希望的火焰，他们需要的是领导，而我们也可以领导。华南许多地方都已举行了秋收起义。这些起义有许多已被打垮或者被赶到地下了，可是农民们夺到了武器。我们多少还有些武器增援他们。放弃了他们，就是背叛！”

朱德又激动地说：“至于我自己，只要还有一个人和我留下来，我就继续战斗。就算这个人也开了小差，我敢说，我还能发动另外的人。我拒绝向军阀主义投降，我已经选定了人民革命的道路，我要坚持到底！”

为了初步统一全军的思想，朱德在饶平县茂芝村全德学校，主持召开了有二十余名排以上干部参加的会议。朱德在会上为大家分析军情，驱散迷雾，鼓舞干部斗志。这时还有人提出解散部队的言论，朱德斩钉截铁地回答："起义军虽然失败了，但是八一起义这面旗帜不能丢，武装斗争的道路一定要走下去。我是共产党员，我有责任把八一南昌起义的革命种子保留下来，有决心担起革命重担，有信心把这支革命队伍带出敌人的包围圈，和同志们团结一起，一直把革命干到底！"

这时，第七十三团政治指导员陈毅挺身而出，支持朱德，也表示要将革命进行到底。

队伍在天心圩南面的河坝子全体集合。朱德温和地对全体官兵试探性地提出来："同志们，要革命的跟我走，不革命的可以回家嘛，不勉强！"

朱德观察大家的神色，更多的是低头不语。

朱德向大家提出，以后以打游击为主，以打地主豪绅为主，并解释道："敌人总会有一天，不再追我们队伍。因为军阀之间协调不起来，他们打起来时，我们就可以发展了。"

后来，朱德对部队进行了三次整编，并特意把一部分党、团员分配到各个连队中去。

10月底，部队到达江西大余地区时，军阀之间真的打起来了。粤、桂、湘系军阀混战，敌军顾不上追击朱德的部队了。

朱德深知，队伍这时虽仅存七八百人了，但他们都是淘尽泥沙后的真金，是全军的精华，正是宝贵的革命火种。他充满信心地说："同志们，我原来想有两百个人能同生共死，就能胜利；现在我们有好几百人，我完全相信，任何帝国主义和军阀都不能消灭我们！”

蒋介石得知朱德部队到了大余，在军阀混战之余，命令正从广东韶关移驻湖南郴州、汝城一带的国民党范石生部队，一定要消灭朱德的部队。

范石生为国民革命军第十六军军长，是朱德在云南陆军讲武堂一期丙班的同学。当年二人交往甚笃，后来又一同参加同盟会，他们一度成为滇军的高级将领。范石生与朱德是同学、同志和兄弟，范石生又与蒋介石结怨很久。范军长接到蒋介石命令后，立即给朱德写信，告知蒋介石的企图，表示希望与朱德合作，不但不阻击朱德的队伍，还要援助他们。

朱德回信后，又收到了范石生的信。朱德将范石生的意见提交党组织讨论后，做出下一步行动安排——朱德决定亲自前往汝城同范石生进行合作谈判。

朱德从教导队选出五六名身强力壮的青年学生兵向汝城进发。

傍晚时，这支小分队经过匪区。队伍在濠头圩宿营，分散在村边几间空闲的民房内。朱德住在村里一家祠堂里。由于哨兵白天冒雨行军过度疲劳，放哨时疏忽了，何其朗匪部偷袭成功，包围了祠堂。这百余名土匪，从朱德一行出发时就开始沿途跟踪，企图活捉朱德。

紧急关头，朱德已来不及躲避。他灵机一动，转身走进厨房，随手抓起一条伙夫的围裙系在腰上，泰然自若往外走。

“你是什么人？”迎面上来几个匪兵堵住朱德追问。

朱德回答:“我是伙夫头。”

匪兵问:“朱德在哪里?”

朱德用手指着后面的房子说:“在后面屋里。”

敌人看朱德穿得破破烂烂，胡子又长，确实像个伙夫头，就没理会他了，急匆匆地赶到后屋搜索。

说时迟，那时快，朱德趁机从窗口跳出，安然脱险。

朱德终于赶到汝城同范石生面谈。在保证朱德部队组织上独立、政治上自主和军事上自由的前提下，朱德同意与范部合作，范石生为朱德部队提供了大量的生活物资和武器援助。

1928年初，蒋介石得知朱德化名隐蔽在范石生部，便派出八个团准备南北夹击朱德部队。范石生立即写信告诉朱德，不仅未听蒋介石指令解除朱德队伍武装，还为朱德部队送来一万块钱作为队伍开拔费，要朱德带队伍迅速离开，自寻出路。

朱德率南昌起义军余部，冒着滂沱大雨，连夜从韶关向郴州方向转移。

正是朱德这位“伙夫”，借助了范石生的帮助，让南昌起义的“火种”得以保存下来。

21 | 湘南起义

“噼噼啪啪……”

朱德带队伍来到广东与湖南交界的乳源县（现属乐昌市）梅花乡的杨家寨子。中共宜章县委委员杨子达正隐居在寨子中，当他听说朱德的队伍要来了，便组织十多个族人前去路口以鞭炮相迎。

鞭炮还迎来了与朱德相伴来到杨家寨子的两个特殊人物：一个是参加南昌起义，后因起义军南下失利回到家乡乐昌的龚楚（后叛变）；一个是龚楚的旧交胡少海。胡少海是湖南宜章县人，出身豪门，曾任湘军营长。“四一二”政变后，他离开部队，躲在杨家寨子秘密领导一支农民武装劫富济贫，不久，便在中共宜章县委领导下秘密开展活动。他在宜章还没有暴露自己的身份。

因为这两个人，朱德总算与中共地方党组织取得了联系。朱德部队在杨家寨子宿营，当天深夜，朱德在自己的驻地主持召开部队主要领导人与宜章县委的联席会议，商定了下一步军事行动计划。

1928 年 1 月 11 日下午，朱德部队的先遣队化装成国民党军队进入宜章县城。先遣队领头的是胡少海，他假冒范石生部副团长前来与县长接头打前站，县里的头面人物都在恭迎胡少海荣归故里，并准备迎接国民党范石生部前来维护地方治安的大队伍进城。

第二天，宜章县城贴出公告：范军长部队移防宜章，保卫乡里。

1月12日下午2点左右，宜章人胡少海接应大部队，扯着国民党十六军一四〇团的青天白日满地红旗，与宜章人陈东日等人一起带领约两千人的朱德队伍顺利进入宜章城。

城里官绅们都以为是国军来宜章驻防了，组织人们沿街燃放鞭炮，夹道欢迎。

绅商为讨好国军表示敬意，纷纷送猪送酒，犒赏官兵。除夕夜8点钟，官绅在宜章政府大院内为朱德队伍里营团以上干部设宴，双方举杯：

“欢迎胡团长！欢迎所有保卫宜章的官兵们！”

“我们宜章出人才呀！欢迎五少爷荣归故里！”

“要过年了！我们辞旧迎新！干杯！”

“我们辞旧迎新！……”

正在上第三盘菜的时候，朱德突然从县长身边站起身，他将举起的酒杯甩在地上，枪声响起，县长被擒……

“都举起手来！不许动！……”起义官兵围剿了团防局和警察局，逮捕了官绅……

起义军把青天白日满地红旗踩在了脚下，高举起镰刀、斧头标志的工农革命军军旗。年关暴动首战告捷！

第二天上午，朱德、陈毅和宜章县委负责人胡世俭、高静山、杨子达等在县城西门广场召开群众大会。起义军打开粮仓，工农群众分得了粮食，个个喜气洋洋；被起义军从监狱中释放出来的革命者，人人扬眉吐气。他们手舞小红旗，有的臂缠红布，有的扛梭镖、鸟铳，有的敲锣打鼓，有的不由自主地唱起来："打倒列强，打倒列强，除军阀，除军阀，土地革命成功，土地革命成功，齐欢唱，齐欢唱……"

广场上很快聚集五六千人，朱德在会上发表了重要讲话。他说："我们是工农革命军，是共产党领导的帮助穷人打天下的人民军队。我们已经推翻了国民党政府，逮捕了一批贪官污吏、土豪劣绅。希望大家积极行动起来，一起闹革命。工农只有自己掌握了武装，彻底打倒蒋介石等新老军阀，实行耕者有其田，才能真正当家做主人！"

朱德又用浓重的四川乡音宣布：根据广东省委的指示，起义军正式改名为"工农革命军第一师"。

朱德担任师长，陈毅、王尔琢、蔡协民分别担任党代表、参谋长和政治部主任。第一师有两个团：一团为起义军，二团为农民参军的自卫队和新加入的宜章工人自卫团千余人。二团报名的人络绎不绝，队伍很快扩充了一倍。

朱德讲话后，会场群情沸腾，经久不息的掌声之后，有人自发高呼口号：

拥护共产党！

拥护工农革命军！

组织起来！

打倒土豪劣绅！

农工大众解放万岁！……

口号声在古老的山城上空久久回荡着。

最后，工农革命军和中共宜章县委根据人民群众的强烈要求，将罪大恶极的新老县长等十余名国民党官绅当场处决，大快民心。

年关县城暴动成功后，朱德和陈毅赶紧部署全县各区乡武装起义。正当革命风暴席卷宜章全县时，新任国民党独立第三师师长许克祥率六个团气势汹汹地向宜章县城扑来。朱德以灵活机动的游击战术，首创南昌起义以来以少胜多的战例，俘获敌官兵一千余人，缴获步枪两千余支，缴获迫击炮和山炮三十余门。打扫战场时，大家都笑许克祥是“许送枪”。

起义部队的人数又很快增加两千多人，广东也有数百名青年农民赤卫队队员赶到朱德部队来报名参军参战，起义军士气大振。2 月 2 日，工农革命军攻克坪石后，立即挥师北上，锋芒直指郴州城。

当时的中共郴州县委闻讯后，连夜在全城张贴标语，并派人到城南磨心塘迎接工农革命军进城。就在这时，郴州守敌何键部的第十九师师长李觉命一个副师长带一个营，慌忙到郴、宜交界处的折岭设防。王东原部的十五师也派出了两个营，到城南二十多里处的走马岭和大铺桥防守，企图阻挡我军北上。

朱德、陈毅连夜动员部队急行军六十多里，翻山越岭直抄折岭守敌后路。次日，在地下党和农军的配合下，部队迅速击溃折岭的布防之敌，并随即追至两湾洞予以全歼，击毙了副师长。部队继而兵分三路，围攻大铺桥，并采取“打虎牵羊”的策略，通过强大的政治攻势和猛烈的火力攻击，使守军土崩瓦解。敌军营长周澜被击毙，俘敌六百余人，缴枪六百余支，残敌被迫向郴州城龟缩。

郴州外围战迅速结束，郴州守敌见大势已去，弃城逃窜。

2 月 4 日，朱德、陈毅率部进入郴州城，起义总指挥部设在北街考棚，朱德、陈毅为正、副总指挥。

部队在郴州休整数日后，2 月 10 日，朱德亲自率领主力军挥师北上，接连攻克永兴、耒阳、桂阳、资兴等县，并建立各县苏维埃政府，组织农民分田分地。此后，起义部队又组建了工农革命军第七师、第四师和几个独立团。湘南起义的烈火又在常宁、桂东、汝城、嘉禾、衡阳的部分地区，以及安仁、攸县、茶陵、酃县等地区熊熊燃烧……

3 月中旬，中共湘南特委在永兴县城召开湘南工农兵代表会议，成立了湘南苏维埃政府。朱德、陈毅领导的湘南起义让蒋介石惶恐不已，成为继共产党领导的南昌起义、秋收起义、广州起义之后的又一次沉重打击国民党的工农革命武装起义。

22 | 喜糖有点苦

湘南起义的烈火烧到了耒阳。

耒水杜陵书院门前，一班女青年和警卫战士正在张贴红对联：

驱除县团丁　　　　喜迎革命军

一位短发、方脸、中等个子的姑娘站在门前挥手指挥："左边还高一点，右边低一点。好，平了！"

"驱除县团丁，喜迎革命军。横批：赤遍耒阳。"邓宗海抬头念着刚贴好的对联，他高兴地说，"写得好！字好，对联也编得好。是谁写的呀？"

年轻男女齐声说："邓书记，是伍主任写的！"

"好呀！伍若兰真不愧为'双枪才女'！"

"朱军长，朱军长！快出来看对联呀！"邓宗海大声朝院里喊。

朱德笑着走出来，说："我说邓书记怎么这么高兴，原来是同一班年轻人在一起哟！”

朱德欣赏对联，频频点头，赞叹道：“好！赤遍耒阳，我们还要赤遍全中国！耒水有文才，也有武才，文武双全，有气魄呀！”

“伍若兰，朱军长夸奖你了，听到了吗？”邓宗海故意说。

伍若兰笑了笑，说：“能得朱军长夸奖真是荣幸。但军长不是夸我伍若兰一个人，是夸所有耒阳人，尤其是夸你这位耒阳的县委书记呀！”

“好好好，军长是夸我，更是夸你，因为对联是你编写的嘛！”邓宗海笑得欢。

“耒阳出才女！伍若兰真的是‘双枪才女’呢！”朱军长又站在伍若兰面前夸奖一番。

“伍主任，朱军长这可是专夸你了吧！羡慕你呀，羡慕死了……”大伙都为伍若兰高兴，这下可让她满脸羞红起来，她兴奋得一把拉着几个姑娘就跑了。

邓宗海随朱德进了办公室，警卫员给他们沏了茶就马上出去了。

邓宗海递给朱德一本油印杂志，翻开说：“这就是她们妇联办的。你看，伍若兰编的顺口溜，如今耒阳的妇女都记得了。”

朱德笑着念：“如今世道太不公，富的富来穷的穷。富人高楼饮美酒，穷人赤膊唱东风……”

“我说朱军长，你也老大不小了，只管闹革命，身边总得有个女人照顾呀。伍若兰也二十多岁了，人品不错，又是革命同志，你中意的话我来做这个红娘吧？”邓宗海说。

“我可是四十多岁的人了，人家还是个姑娘。”朱德摇头说，“这个玩笑还是不要开吧。”

“革命同志志趣相投，相差十几岁算什么？这红娘我做了！”

“我朱德小时候叫‘狗娃子’，是佃农家的一棵贱草呀。我参加同盟会、参加辛亥革命、参加护国战争、参加反段祺瑞的护法战争和最近的南昌起义，中间虽然赴法留过学，也去苏联学习过，但还是个粗人。她出身知识分子家庭，有才华，可算个‘作家’。学无止境，我需要一个人来弥补自己的不足呵！”

因为邓宗海有意，朱德、伍若兰更有心，他们就准备成家了。

家，对革命者来说可是奢侈品。朱德戎马半生，飘忽不定，之前已有过两个家（不包括第一段包办婚姻）。第一个家在昆明，妻子萧菊芳当时是昆明师范学堂的学生。他们自由结合，婚后妻子继续求学，住在学校，而朱德仍住在讲武堂内。他们只有星期天才能见上面。要生小孩了，萧菊芳只好坐轿子赶到泸州前线投奔朱德。孩子（朱琦）出生时，恰逢蔡锷逝世，朱德正陷于悲痛之中，他日夜操持恩师的丧事，几乎顾不上照看妻子和孩子。然而，祸不单行，妻子染上了一种奇怪的产后热病，病魔夺去了她年轻的生命。纳溪大捷之后，朱德的朋友以小朱琦无人照顾为由，把自己的妹妹陈玉珍介绍给朱德。陈玉珍毕业于四川南溪师范学校，参加过辛亥革命和讨袁护国战争。他们情趣相投，尤其是她对朱琦视如己出，令朱德感激不已。

但因杨森召朱德去重庆，夫妻分别，朱德为探寻救国救民真理，四处奔走，远涉重洋，夫妻俩再没有机会团聚。这个家实际上难以称其为“家”了。

革命者四海为家。

一班年轻男女正在朱德的办公室贴红喜字，准备糖果，并简单布置隔壁的新房。

傍晚，陈毅、王尔琢、邓宗海和一班青年男女进办公室来贺喜，鲜花笑语，简朴热闹……

朱德和伍若兰戴红花，腼腆地站在主席台前。

邓宗海当起了司仪：“朱德、伍若兰新婚之喜，一拜天地！二拜高堂！夫妻对拜！送入洞房！”

两位新人先向大家鞠躬，再转身拜“高堂”——镰刀斧头标志的红旗，夫妻对拜之后，朱德和伍若兰被一班年轻人笑拥着推进了洞房。

这时，警卫员进来报告：“省委派人来，要马上见朱军长。”

“马上请他们进来！”朱德在洞房里说。

这班年轻人又马上拥着朱德和伍若兰进了会议室。这时，外面的客人也进了会议室。

陈毅带头鼓掌说：“欢迎省委的客人！今天真是个双喜盈门的日子啊！今天是朱德同志和伍若兰同志结婚的日子！”

朱德紧接着说：“欢迎欢迎！请省委的同志吃喜糖！”

“恭喜了！我叫周鲁，是省委派到湘南暴动总指挥部同朱德同志联络的特派员。”周鲁一副公事在身的样子。

陈毅也马上自我介绍并介绍了王尔琢和邓宗海几位同志，又往周鲁怀里塞喜糖，说：“先吃喜糖，吃喜糖……”

周鲁吃了一颗糖，从公文包里掏出一份文件给陈毅。

“呀！处分毛泽东等人的决议？”陈毅看文件大吃一惊，念道，“毛泽东同志私自带秋收起义队伍上井冈山，放弃攻打长沙，犯了严重的右倾逃跑主义的错误。为此，中央决定：撤销毛泽东同志党中央候补委员职务……”

朱德、王尔琢、邓宗海等人都愕然了。

周鲁又从公文包里掏出一份文件，说：“这是省委关于湘南暴动的指示，要马上组织学习传达！”

23 | 安仁决策战

正当湘南起义方兴未艾时，1928 年 3 月，桂系与湘系军阀之间的混战结束了。蒋介石赶紧腾出手来对付南昌起义军余部，他将湘、粤系军阀联合起来，以七个师兵力，从湖南衡阳和广东乐昌对湘南的革命力量进行南北夹击。

这时，湘南的革命力量中，正规军只有朱德和陈毅率领的一个师（实际是一个团），各县虽有农军数万，但都没有经过正规训练，而且武器装备几乎只有梭镖和大刀，枪支很少。

湘南起义的发展后来由湘南特委与朱德联合领导和指挥。中共湖南省委做出“守土有责”的决定，要求朱德的起义队伍在湘南实行武装割据。面临敌人的大举进攻，中共湘南特委根据湖南省委的指示制定了一个“左”倾盲动主义的“焦土战略”——以焚毁民房、坚壁清野击退敌人的进攻。此举不仅激起民愤，还给土豪劣绅以可乘之机，引发了死伤九百余人的反革命暴乱事件。

此前，朱德已派毛泽覃上井冈山找到了兄长毛泽东和他领导的秋收起义队伍，毛泽东也先后派何长工、毛泽覃下山与朱德取得了联系，并希望朱德领队伍上井冈山。毛泽东、朱德这两位相互仰慕已久的革命者搭通了桥梁。

朱德知道，这时的毛泽东因为带领秋收起义队伍上井冈山，犯了“逃跑主义”错误，已被撤销党内职务，并“开除党籍”。

由于中共湖南省委、湘南特委“守土有责”“焦土战略”的错误决定，湘南起义革命队伍已遭受重大打击。湘南特委仍在千方百计地阻止朱德队伍离开湘南，上井冈山就意味着将受到党的严厉处分。朱德何去何从？队伍何去何从？

这时朱德的心理战激烈又复杂：远赴国外苦苦追寻，好不容易才加入了共产党，毛泽东刚被“开除党籍”，自己真要步其后尘吗？加入共产党是为了共产主义事业而奋斗，面对国民党军队南北夹击，南昌起义的革命火种好不容易保留至今，难道要毁于一旦？失去了革命力量，失去了为党尽职尽责尽忠的起码条件和机会，留住党籍又有何用？……

3月29日，朱德率第一师主力进入了安仁县。4月1日安仁解放，4月2日安仁苏维埃政府成立。县城中心的一栋轿顶屋门口换上了两块新牌子，一块是“安仁县苏维埃政府”，另一块是“湘南暴动安仁指挥部”。

轿顶屋里住着湘南暴动指挥部已到达安仁的一些营团以上指挥员和苏维埃政府主要成员。朱德、王尔琢、粟裕、林彪等都住在二楼。

4 月 4 日深夜，朱德窗前的马灯一直亮着，他正在对着地图出神……此前已传来不幸消息，湘南特委因不听朱德、陈毅劝阻，顽固坚持守土决策，从耒阳回衡阳途中，又拒绝派兵护送，结果遭遇一小股民团围攻，特委机关全体同志遭受灭顶之灾。

安仁苏维埃政府主席唐天际上楼报告：“朱军长，参加会议的人都到齐了。”

“好，马上开会！”

一楼会议室墙上挂着镰刀斧头标志的红旗，红旗下挂着地图，地图下安放一张四方高桌，对面摆些长长短短的条凳。高桌中间点亮一盏茶油灯，朱德坐正面，王尔琢、唐天际坐高桌的两侧，其他同志都坐在条凳上。

朱德看人已到齐，说了开场白：“我们今天召开紧急会议，最后研究决定湘南暴动队伍是东进井冈山，还是按照省委的指示留下来同敌人硬拼。”他站了起来，转身把目光投向地图，说：“这个问题现在要做最后决定了。”他用手指着地图上的“安仁”笑着说：“安仁安仁，顾名思义，是安定立‘仁’的地方。孔子说‘仁者爱人’‘泛爱众’，‘仁’是德的最高境界。这次在安仁可不得不做出‘仁德’的最后抉择呵！向东还是向北？上井冈山还是坚持留下以攻打城市为主？依我看，在哪里能保存和发展我们党的力量，这就是‘仁’；拿老百姓的生命开玩笑，用鸡蛋去碰石头，这就是‘恶’。”

朱德回转身来，继续对大家说：“从地理位置看，从安仁上井冈山是队伍的最佳选择，离开安仁去别的地方，再回头上井冈山对我们很不利。我们之前在耒阳鳌山庙就对上井冈山有思想准备，这里正式提出来，大家讨论决定吧。”

唐天际作为东道主，先发了言：“安仁苏维埃政府刚刚成立，我和安仁工友、农友们都希望主力队伍能在安仁多待几天，为新生的政府撑腰壮胆，并在全县分田分地，春耕时节好让农民投入生产。但是目前的形势很紧张，蒋介石调集湖广兵力，南北夹击起义部队，他们在耒阳扑空后，正兵分三路向安仁逼近，情况十分紧急。敌人南北合击，我们在南北死守硬拼都不行。我认为朱军长提出的东进井冈山是一个不错的选择。”唐天际说到这里突然记起什么，向朱德介绍，“这就是我在鳌山庙接队伍时跟军长说起的那个安仁人刘斌，他正是毛委员派来安仁接队伍上井冈山的。”

朱德高兴地站起来说：“多谢毛委员！欢迎刘斌！”

刘斌连忙主动向前同朱德握手，激动地说：“久仰朱军长大名！欢迎队伍上井冈山！”

王尔琢说：“不管省委怎么指示，保存队伍求发展是真理，不会错到哪里去。在湘南硬拼，孤军作战，有可能会让南昌起义和湘南暴动的革命火种熄灭，上井冈山同秋收起义队伍会师是唯一出路。这个问题，我看不要再浪费时间讨论了。”

粟裕说：“我同意上井冈山！”

林彪说：“我也同意！”

大家都举手表决，赞成从安仁上井冈山。

朱德笑着说：“上井冈山不仅我们同意，事实上蒋介石也同意，他不是给我们留下这么个口子嘛！哈哈，天从人愿，不可抗拒。古有‘木连理，王者德泽纯洽，八方合为一，则生’之说。”朱德停一下问：“唐天际是读了古书的，知道这句名言吗？”

“知道，有这句名言。我师父曾经说过。”唐天际回答。

“哈哈，这也是我恩师所教，这句话我今天还记得。不说古人知道，树木都知道连理呀！”朱德又笑着说，“连理连理，有理就连，无理就不连，理就是德，有德就连，万事德为先。树木都讲究连理，都讲究德，何况人呢！”

“决定了！为真理而奋斗！省委要处分就处分吧！保存革命火种，受处分也值！我宣布，队伍从安仁上井冈山！”朱德说得有些激昂亢奋，他拍了一下桌板，又接着说，“什么时候上？如何上？大家也议一议吧。”

王尔琢说：“情况紧急，队伍不能再待在安仁了。”

有的同志担心起来：“队伍马上走，安仁的老百姓舍不得呀！我心里也真难舍。还有敌人一来，新成立的苏维埃政府怎么办？土豪劣绅马上会扑向我们。”

唐天际接话道：“革命要以大局为重。我们先要全力护送主力队伍上井冈山！但队伍离开安仁之前，我们想要配合主力打击敌人，打击他们的嚣张气焰，给安仁革命群众鼓鼓劲！”

朱德说：“说得好。要让苏维埃政府站稳脚跟，就得千方百计组织起来，想办法顶住朝安仁扑来的敌人。但硬打是不行的，现在西南面有从耒阳方向来的敌人，北面有从攸县方向来的敌人，我们要马上组织大批农军向南或向北吸引住敌人，把敌人的注意力调离井冈山方向。”

王尔琢说：“太好了。打北走东，把攸县的敌人打击一下，让敌人产生我们要往北走的错觉。”

朱德站起身，手指在地图上游动，说：“在我们的西南面，大部分敌人已入耒阳境内，向安仁逼近，兵强马壮，我们打不得。北面攸县之敌还在惊慌中，敌军在安仁吃了败仗逃回攸县后，士气未稳，兵力未得到补充，我们可以再把这股敌人敲打一下。只要我们把攸县的敌人打击一下，就可以转移敌人的视线，打乱南北敌人的阵脚，引敌人调重兵向北面追击。这既为起义军退出安仁赢得时间，又发动了农军，鼓舞了士气，准备组织迎击反扑之敌。”

唐天际站了起来，说：“朱军长这个策略好，真可谓一箭双雕！”

朱德庄重宣布：“就这样定了！王尔琢立即安排人通知陈毅队伍，让他们马上从资兴上井冈山！天亮前，唐天际率安仁农军攻打攸县！”

散会时，朱德又向唐天际嘱咐：“我们去攸县的人越多越好，声势越大越好，但不要恋战，达到既定目的赶快撤。”

夜里，下起了小雨。天刚蒙蒙亮，四面八方的人涌向桥南，三千多名农军冒雨在南门洲集合。

简短的战前动员之后，农军分三路向攸县进发。

攸县县城离安仁县城二十多公里，农军未吃早饭，冒雨前进，又饿又冻。队伍里传递口令：“克服困难，打下攸县！”

还有人在路边打起了快板：“安仁农民好大胆，仿照俄国兴共产。枪又冇得枪，拿起团鱼钻；炮又冇得炮，松树挖个眼……”

这么一宣传鼓动，农军们来劲了，大家紧握梭镖大刀，大步流星地往前赶路，中午时分就顺利到达攸县县城河南岸。

这时，攸县县城内敌军的警卫团团长和教导团团长正在吃中饭，突然士兵报告：“朱德的大部队打到河对岸来了！”

“咣当”一声，刚在安仁吃过败仗逃回来的两个人，吓得连碗带饭都掉在了地上。

攸县驻军人马众多，武器精良，但他们在雨雾中看不清这边人马的虚实……警卫团团长罗定从县城瞭望哨上下来说：“朱德的队伍可不是好碰的呀！”

一刻钟过后准备就绪，攸县上空“砰砰砰”连响三枪。

紧接着，朱德派来四名号兵同时吹响冲锋号：“嘟嘟嘟嘟——”

“冲呀！杀呀！”三千多名农军齐声呐喊。

“砰砰砰砰……”几十个洋油桶内鞭炮齐声炸响。

三千多人原地跑步的脚步声，像千军万马在奔腾。

罗团长听对岸枪声大作，冲锋号和喊杀声齐鸣，脚步声震天动地，又见对岸烟尘滚滚，千军万马席卷而来……于是，他和教导团团长轮番报告："朱德队伍庞大，来势凶猛，已开始渡江……我们的驻军是鸡蛋碰石头，无法抵挡呀！请县太爷明察！"

"马上往衡阳撤！撤！"于是，攸县所有驻军和县衙门的官员纷纷朝衡阳方向逃窜。

这时，攸县城内的居民紧急组织渡船，迎接安仁农军进城。

农军进城后，马上分头召集群众开会，宣传共产党和革命部队的宗旨，贴标语口号。队伍统一吃便餐、睡街头，不惊扰百姓。鸡叫四遍时，队伍在桥南集合。按照朱德的指示，三千多名农军于第二天一大早胜利返回安仁。

坐镇衡阳的国民党湖南"剿共"司令李朝芳得知攸县失守，在办公室急得团团转，他命令道："给我火速通知！'进剿'安仁的部队马上掉头向北，攻打攸县！消灭朱德部队！"

从耒阳扑向安仁的部队也转向攸县方向。

敌人的部队奉命赶到攸县县城，却见不到朱德队伍的踪影。

李朝芳接到从攸县打来的电话时，对着电话狠狠地骂道："你们这些没用的东西，又晚了一步！"他"咔嚓"一下摔了电话，任对方在电话那头说："李司令，李司令，我们的队伍现在不知是向南还是向北，朱德的队伍现在不知去向，不知去向……"

安仁这边，朱德队伍正紧急上渡船、过浮桥，他们很快过了永乐江，朝井冈山方向急进……

朱德正要同警卫队踏上浮桥，他又折转身，紧紧握住唐天际的手，深情地说：“唐县长，你看情况，如果局势不利，在安仁坚持不下去了，你也带队伍上井冈山，到酃县去找我。”

天空中，一群群鸽子从神农殿和轿顶屋向东飞去……永乐江上飘荡着深沉忧伤的安仁民歌《寻救星》：

滔滔江水呵，永乐江。滴滴穷人泪水，荡漾富人笑窝，一方悲切呵一方淫笑，世上什么叫永乐？何日得永乐？

沉沉号子呵，穷哥哥。声声纤夫喘息，催眠财主安乐，一些劳苦呵一些享乐，人间什么叫公平？公平有几多？

茫茫苍天呵，星闪烁。指指凡人道路，奔赴公道平和，一道连理呵一道星河，天空哪里有救星？救星归哪座？

24 | 朱毛不可分

朱德率湘南起义主力军由安仁出发，经茶陵湖口圩，到达酃县沔渡，上了井冈山。从此，朱毛两双大手紧紧地握在了一起……

一位文学家这样描写朱毛握手的那一刻：“地球一阵轻抖，历史翻开了新的一页。”

5 月 4 日，砻市龙江书院举行了胜利会师大会。朱德、陈毅率领参加南昌起义、湘南起义的工农革命军两千多人、湘南农军八千多人，与毛泽东率领的参加秋收起义的一千余名革命军和井冈山地区游击队会合，改编为当时最强大的一支工农武装——工农革命军第四军（之后改为中国工农红军第四军）。朱德担任军长，毛泽东担任党代表。从此，朱德和毛泽东的名字就紧紧联系在一起了，“朱毛红军”让敌人闻风丧胆。

朱德与毛泽东是一对相互仰慕已久的革命者：朱德从读到《湖南农民运动考察报告》开始就一直仰慕毛泽东；在党决定举行南昌起义时，毛泽东就安排毛泽覃参加南昌起义，并让泽覃给朱德带去书信。

“朱毛红军”有这么大的威力，并不是因为朱德把大炮搬上了井冈山，而“黄洋界上炮声隆”。我们来听听朱德和毛泽东的肺腑之言吧！

毛泽东病了，政治上受排挤，朱德对罗荣桓说：“我同意把老毛请回来，人家都说朱毛红军，朱离不开毛，朱离开了毛过不了冬。”

张国焘欲另立以他为首的“临时中央”，并对朱德威逼利诱，朱德却说：“我们这个‘朱毛’，在一起好多年，全国全世界都闻名。要我这个‘朱’去反‘毛’，我可做不到呀！”

有人污蔑朱德，毛泽东说：“这很不好，朱毛朱毛，朱德和毛泽东是分不开的嘛！”

朱毛之间有过争论，有过分歧，甚至闹过矛盾，但他们只是在工作中对事物认识存在差异，朱毛的意见从不影响同志感情和战友深情。

中央领导通宵开会时，毛泽东考虑到朱德年龄最大，提出朱德可以自由决定晚上是否参会。每逢中央机关搬家分房子，毛泽东首先想到的是朱德年龄最大，第一要方便朱德。

战场上的朱德总是把生的最大机会留给别人，把死的最大概率留给自己：“只要红军能胜利，牺牲我朱德一人有何可惜？”

因此，毛泽东发自肺腑地称赞朱德：“度量大如海，意志坚如钢。”

自从朱毛胜利会师以来，朱毛在一起就打胜仗。于是，“朱毛不可分”被人们交口称颂，并越传越神奇。“朱毛”成了同志加兄弟的代名词，成了美谈佳话。

25 紧急换房

朱德接到毛委员通知，为方便朱德工作，让他今天搬到红四军军部洋桥湖来住，就住在毛委员的隔壁。

朱德同警卫员只好把床铺收拾好，把行李带到洋桥湖，先来到毛委员的住房。

房东已把毛委员的住房打扫得干干净净，毛委员的行李铺盖却都不见了。

“毛委员的行李呢？”朱德问房东。

房东见朱德的行李，笑着说：“欢迎朱军长！毛委员搬走了，他要我搞好卫生，迎接一个重要的客人，原来是您啊。”

朱德什么都明白了，毛委员把他自己的住房让出来给他住，隔壁并没有其他房子。朱德一时愣住了，急得说不出话来……

因为会师后红四军军部设在此处，朱德每天都要赶来办公，来来去去好几里路，还要爬山过坳，毛委员就做出了让房的决定。可洋桥湖再找不出别的住处，只有村对面谢慈理家有一栋小楼空着。

朱德向房东问到了毛委员的新住处，一口气跑到了谢慈理家的小楼旁。

原来这间房间在楼上，只有一架很陡的楼梯上下。梯子装在天井边，日晒雨淋，看样子已不太牢靠。朱德很不放心地走上楼，每上一步都用力踏几下，试试木板梯会不会断裂。上得楼来，他发现进门必须低头，不禁叹气道："毛委员身材这么高大，我进门都得低头，他呢？太不方便了。"朱德回过身来，四下一看，房间又矮又小，房里只放了一张小桌子、一张旧木板床。站两三个人，已经转不过身子，又怎么工作？窗户上没有木格子，天气一冷，连张挡风的纸也难以糊上去。

朱德越看越不安，一言不发，急匆匆赶回毛委员为自己腾出的住房，吩咐警卫员马上搬家。

"不行呀，毛委员既然决心把房间让给您住，他不会再回来的。"警卫员为难地说。

朱德考虑片刻，肯定地说："搬，紧急换房。趁毛委员这时不在，我搬过去住上了，就怎么也撵不走了。"

很快，朱德的行李搬进小楼，他又动手为毛委员往回搬东西。

就在他动手收拾毛委员行李时，毛委员回来了。毛委员看见朱德和警卫员在为他收拾行李，不禁笑了，说："朱军长，这么点大的小楼，还能住上我们两个人？"毛委员仔细看过屋里的人后，明白过来，他笑得更欢："这里不是很好么？你放心吧！"

见毛委员那坚决、诚恳的神色，朱德不好再说什么。

26 理发工作

朱德很忙，在井冈山更忙。敌人不但对根据地进行军事“进剿”和“会剿”，还进行经济封锁。就是敌人尚未进行经济封锁时，山上突然增加一万多人，吃饭的问题就够他操心的了。他忙得忘记理发、刷牙，头发长了，胡子长了，自己也没发觉。警卫员催他修剪，他每次都答应，但一忙起来又忘了。警卫员只好又催，他终于去了理发店，却坚持排队，不搞特殊化。战士们和老百姓让他先理，他不干。

“凡事都得有个先来后到嘛。”他丢下一句话，又赶紧返回去忙他的工作，这一忙，理发的事又被他忘了。警卫员只得从头约。

有一次，部队在永新县城，警卫员干脆到店里去请师傅过来。听说警卫员请人去给朱军长理发，五六个理发师都停住了手，他们都愿意去为朱军长理发，见见朱军长。店老板曾三和抢先说：“好，好，我去，我亲自去！”

曾老板连忙换了一身白纺绸衣裤，提起理发箱就跟红军战士走。来到朱军长住处前，朱军长正出门往外走。朱德上下打量着曾三和，问："你是理发店老板？"

曾三和连忙笑脸相迎，说："是，是，多吃了两年手艺饭，小号叫曾三和。"

朱德鄙视那身打扮，摇了摇手说："我现在有事，不理发了，你回去吧！"朱德已了解这个曾三和平时贪吃好穿，只管收账，很少动手理发，时常克扣店里学徒的工钱，别人挣的钱都进了他的腰包，那身白纺绸更让朱德心里反感。

警卫员只好去店里挑了个学徒来给朱德理发。这学徒听说给朱军长理发可高兴了，可一见到朱军长，手却不听话了，拿推剪的手抖动得厉害，不敢去碰朱德的头。

朱德见状，干脆拉这位学徒坐下，亲切地对他说："不要怕，我们是红军嘛，红军就是为穷人打仗，为穷人解除压迫的……"

学徒很快缓解了心理压力。理发时，朱德又同他聊起来："你学艺几年了？"

"已经五年了。"学徒回答。

"曾老板给多少钱？"

"哪有工钱？"见朱德和蔼可亲，学徒紧张感全没了，毫不拘谨地打开话匣子，"常说徒弟徒弟，三年奴隶。五年了，还自带三个月口粮，学三年，还要帮三年，不但帮忙理发，还要帮师傅挑水做饭，洗碗打杂，不知道哪一天才出头呢！"

"做了工，应该向老板要钱，劳动所得，有你的一份。"朱德又向他讲了许多打土豪分田地、反对老板剥削的道理。

理完发，朱德招呼这名学徒一起吃饭。朱德说："你以后隔十来天就来一次，你只要把箱子放在这桌上，我就知道你来了。"

临走时，朱德把他送到门口，给他一个银角子。当时一个银角子能换三四十个铜板，理一次发，十六七个铜板就足够了。学徒正愁无法找零，朱德笑着说："不用找，你拿去，揣在你袋里自已用，不要交给老板。"

在朱德的启发下，这名理发店的学徒带着理发工具箱来部队不走了，一放下推剪就扛起枪。他加入了红军队伍，成为一名英勇的红军战士。

27 “朱德记”

朱德有个爱好，爱在自己常用的物品上留下记号。留下记号可避免与别人的东西搞混或有意无意被带走，万一丢了也容易物归原主。但是，朱德留记号，更重要的是为了留下他对爱物的情感印记，且将心托物，记下对信念的警示和守望。

他从琳琅山和马鞍场走出仪陇城的第一步，就想拿起武器，为穷人报仇雪恨，后又放弃教师职业，投笔从戎，终于成了将军。他在朝夕相随、杀敌有功的德国造勃朗宁手枪上刻上了“朱德记”。

眼看军阀混战，生灵涂炭，“将军”也只是军阀的炮灰。朱德毅然离开云南，寻找一条真正的救国救民路。在亡命天涯、与封建决裂之际，他把心爱的勃朗宁手枪送给了对他有救命之恩的川军雷云飞。雷云飞一眼就看到这支德国造手枪上的三个字“朱德记”，感受到赠物的分量，看到了这位威名远扬的朱将军对自己的一片赤诚，并谨记朱德的临别赠言：一兵一卒、一枪一弹都要用到正道上。

朱德从别离手枪上的那个“朱德记”开始，一刀斩断了同封建势力的联系，千辛万苦，远渡重洋，终于加入了中国共产党。

眼下，国民党反动军队不但对井冈山革命根据地进行军事“进剿”和“会剿”，而且加紧进行经济封锁。蒋介石企图困死、饿死红军。井冈山周围被封山、清乡，粮食进不来，盐进不来。

朱德带领红军在井冈山发明熬硝盐，把老房基土和锅灶土挖出来用水浸泡开，然后把水滤出来，放在锅里熬，就熬出了硝盐。吃盐的困难解决了。

当时，井冈山上生产的粮食较少，当地群众留足口粮以后，能供给部队的粮食不多。红军要吃粮、存粮，除井冈山周围地区的党组织积极动员群众千方百计送粮上山以外，还得自己下山去挑粮。战斗间隙，朱德总是和战士们一起下山挑粮，八百里井冈到处都留下朱德、毛泽东、陈毅和井冈山军民一起挑粮上山的足迹。红军从山下挑粮上井冈山有三条路，其中从井冈山上到山下的宁冈茅坪，上下足有五六十里路，山高路陡，有的地方路窄得连挑担过箩筐也困难。路难行，粮难运。因运粮工具不够，战士们有的用口袋背，有的索性脱下一条裤子，把两个裤腿扎紧，装上满满两裤腿粮食挎在肩上。天亮从山上出发，要到天黑才能挑回山上来。

运粮的这一天，朱德早早起床，匆匆洗漱，背上斗笠，穿好草鞋，拿着自己亲手制作并用火钳烫上“朱德记”三个字的扁担，精神矍铄地带领部分红军战士和赤卫队队员，到宁冈古城去挑粮。

朱军长四五十岁的人了，每次都同年轻战士们一样，挑着一百多斤的粮食上山。战士们要他少挑一点，他怎么也不肯。中途见他满头大汗、气喘吁吁，战士们要帮他分担，他坚决不让。他笑着说：“我挑得动。小时候练出了挑功和背功，去琳琅山砍柴的时候，我总要帮别人背和挑哩！”

老百姓见朱军长也在挑粮，看着不忍心：“朱军长要干大事，指挥打仗这么忙，怎么能挑粮食呢？……”有的老百姓还埋怨战士们没有阻止他。

第二天又要挑粮了，战士们悄悄合计，把朱德的扁担藏了起来，让他没工具挑粮。一大早，朱德一看，放门边的扁担不见了。挑粮的队伍已出发，他马上砍来一根粗竹子，截断，破开，三下五除二，又一根扁担制作好了。他又在扁担里边端端正正烫上“朱德记”三个字，一路快跑，赶上了队伍。

战士们见朱德带着一根全新的扁担，又来到运粮的队伍中间。这一次，朱德装了满满一担子，见旁边有空袋，他还装上两个半袋放在箩筐中，压得扁担吱呀吱呀，飞快上了路。

几十里的上山路，朱德累得喘不过气来，路陡的地方走几十米就要停下来喘口气。战士们忍不住了，抢了箩筐中两半袋粮食就跑，让朱德想追也追不上……

朱德心中嗔怪，又甜滋滋的，笑着说：“这些小家伙……”

队伍又上路了。有的战士还编着歌唱起来：

朱军长挑谷上坳，
粮食绝对可靠，
大家齐心协力，
粉碎敌人“会剿”。
…………

这边山歌起，那边山歌应：

一根扁担四尺长喽，
年年用它来送粮。
往年送粮泪涟涟呵，
家中没有隔夜粮。
今年不同往常年喽，
人人喜送翻身粮。
朱军长带来好光景，
支援红军打胜仗。

这是山那边麻上村的邱祖德在领唱。村里打土豪分田地，家家户户有了田，入春以来农民在自家的田地里精耕细作，粮食大丰收，大家把最好的粮食送给红军吃，送粮队伍正追过来。

歌声又让朱德想起了母亲的纺车、老织匠和小徒弟。那小徒弟因参加义和团运动，失败后被敌人砍掉了双腿，如今还在路上爬行，正在伸手向路人乞讨……小徒弟，你现在身在何方？

朱德每每想起太平天国的失败、义和团的失败，就忍不住流泪，决计找到一条救国救民的路，组建一支劳动人民自己的钢铁队伍，打下劳苦大众自己的天下。眼下这支红军，正是共产党建立起来的工农大众的军队，一定要克服一切困难，冲破敌人重重包围，让这支队伍发展壮大，让井冈山革命星火燎原。

朱德下意识摸摸扁担上的“朱德记”，又打量一眼斗笠上的“朱德记”，还有钢笔上的“朱德记”……又挑着粮食上路了。他默默不语，暗下决心：绝不能让太平天国、义和团农民运动的悲剧重演，红军队伍要发展壮大，人是铁，饭是钢，先要把“钢”运上来，把粮食备足，队伍才能生存，才有发展！

“前面的小家伙，快把两袋粮食还给我吧！我挑得动！还加四袋我也挑得动！还给我吧，不信我们比赛！”朱德挑起百斤担，边走边朝队伍前面喊，步履稳健，足底生风，扁担的“吱呀歌”唱得更欢了。

军长这声喊，像擂响战鼓，山包里回荡着运粮队伍铿锵明快的“鼓点声”……

28 “硬纸板”的棉衣

有一天，军需处处长来到军部，通信员一把拉住他说：“处长，现在被服厂扩大规模了，又连着打了几个大胜仗，从敌人手里缴来了棉花、布，给军长做件新棉衣吧，他那棉衣不像样子了。”处长听了，只好回答：“我早就想给军长换件新棉衣了，只怕他不同意。”

通信员说：“没关系。你叫被服厂工人快点做吧，我去领来，给军长穿上就是了。”

没想到这件事很快让朱德知道了，他严肃地问：“谁叫你给我做棉衣的？”

“我自己。”通信员耷拉着头。

朱德亲切地拍了下通信员的肩膀，说：“毛委员讲过，从军长到伙夫一样苦嘛！现在国民党反动派搞军事‘会剿’、经济封锁，我们给养还十分困难，要多为革命着想嘛，我这棉衣还可以穿它几年。”

朱德去红军医院看望伤员，回来淋了一场大雨，棉衣淋得可捏出水来。回到军部，他便在厨房烤棉衣。通信员从团部送信回来后发现此事，担心军长会着凉，转身要去军需处领件新棉衣来。

这时，朱德一眼看出了通信员的想法，马上把通信员叫住：“过来，帮我一块烤烤，很快就干了。”

通信员接过湿棉衣，见上面补了又补，心里不是滋味。

“军长，还是换一件吧。湿了烤干，会更不暖和的。”通信员皱着眉头说。

“不，还暖和。你知道毛委员在八角楼穿两件单衣披着毯子写书吗？”

“知道，你俩都该去领新棉衣了。”

棉衣烤干了，胸前背后和袖子处都露出了棉花，棉花都烤焦黄了，拍打两下衣服，就像块硬纸板一样……通信员忍不住眼睛一热。

朱德看出了通信员的心思，爱抚地摸着通信员的头，耐心地说：“莫说现在困难，就是全国解放，我们富裕了，也应该保持艰苦奋斗的本色。”

29 一盆馨香的井冈兰

1928年春，朱德率领湘南起义主力进入耒阳。当时，红军的生活十分艰难，许多士兵都打赤脚。负责耒阳妇运工作的伍若兰，看到这种情景，过意不去。她赶到夏塘、竹市、大市、东湾等地，花了整整五天时间，组织妇女编织了一大批草鞋，运进县城，供给朱德的部队，差不多每个士兵都发了一双新草鞋。那时候，在白色恐怖下，莫说一大批草鞋，就是几双草鞋也很难弄到手。因此，朱德十分感谢伍若兰，并发现她是个不可多得的有勇有谋的女革命者。

伍若兰，出生在耒阳县城关南门外金兰村的一个小知识分子家庭，自幼受到良好的家庭教育。1924年，她考入衡阳省立第三女子师范学校，来到了湘南重镇衡阳学习深造。她同毛泽东的堂妹毛泽建是同班同学，并义结金兰。她俩一同在第三女子师范学校接受了马克思主义，一起组织第三女子师范学校的学生进行革命演讲活动。1924年底，伍若兰在校加入了中国社会主义青年团，1925年秋加入中国共产党。1926年秋，伍若兰从第三女子师范学校毕业。当时北伐战争风起云涌，她回到家乡投入农民运动，因为表现突出，被推举为耒阳县女子联合会主席、社会主义青年团地方执行委员会委员兼妇女部部长。马日事变后，伍若兰与党组织其他党员一起，转入地下坚持斗争。

在湘南暴动的浪潮中，她结识了朱德，朱德也欣赏这位德才兼备、智勇双全的年轻妇女干部。他们经耒阳县委书记邓宗海介绍，于1928年3月结为伉俪。

1928年4月下旬，伍若兰随朱德部队上了井冈山。伍若兰被分配在军政治部宣传队工作，并担任宣传部部长。她和宣传队队员们活跃在根据地的每一个地方，刷标语、贴传单，向群众进行宣传，同时做群众工作，组织群众建立革命政权，进行土地革命和武装斗争。至今，在茅坪、塘南等村的墙壁上，还保留着她用石灰水写下的粗犷劲拔的标语。当地至今流传着她帮助群众分田的动人故事。

1929年1月，为了打破湘赣两省国民党的第三次“会剿”，伍若兰根据前委命令，随红四军主力突围下山，向赣南进发。此时已调任红四军工农运动委员会妇运科科长的伍若兰，不顾千难万险，带领战友一路张贴红四军司令部布告，编写材料进行宣传，激励全体官兵坚定斗志。不幸的是，部队转移到寻乌县圳下村时，突遭国民党军包围。在这紧急的情况下，为掩护军部领导朱德、毛泽东和陈毅等人转移，她主动带领手枪排转移敌人视线。在阻击战当中，她因脚负伤而被捕，落入敌手。

国民党军见俘虏了朱德的老婆，欣喜异常，把她押往赣州，以金钱高官引诱她，企图从她口中获取红军机密。伍若兰严正不屈，大骂敌人。恼羞成怒的敌人见软的不行，便对她施以酷刑，一次次踩杠子、坐老虎凳、灌辣椒水，伍若兰仍然毫不畏惧。敌人又诱其宣布和朱德脱离关系，她说："若要我和朱德脱离关系，除非日头从西边出，赣江水倒流！"

1929年2月12日，伍若兰在赣州英勇就义。

这一年，她二十六岁。伍若兰虽然与朱德只有一年的夫妻关系，但她勇敢地保卫了军部领导安全转移，并像毛泽东的妻子杨开慧一样，不惜用自己年轻的生命证明了革命者坚贞不渝、忠贞不染，成为朱德一生的骄傲，也成为朱德一生的痛。就像井冈山上的剑兰花深深根植在红土地上一样，她也深深扎根在朱德心田。朱德率领红军从井冈山向瑞金转移时，极其珍重地带上了一盆井冈剑兰花……

朱德还对着自己一生钟爱的剑兰花，为伍若兰深情赋诗：

东方解冻发新芽，
芳蕊迎春见物华。
浅淡梳妆原国色，
清芳谁得胜兰花？

30 南瓜蒂上长白银

三千多名战士突然驻扎在一个小村子里，吃饭成了一个大问题。刚开始，由于地主老财造谣惑众，加上村民对红军并不了解，许多人弃家躲避，来不及逃的人关门闭户，筹集粮菜一时陷入了困境。朱德军长严明纪律，让战士挨家挨户做思想工作。

一天，两名战士来到村南一户人家，见大门紧锁，打听到他们已逃到外村亲戚家中。只见这老乡家门口有一个南瓜大棚架，南瓜长得十分喜人，棚上已挂上两个金黄色的大南瓜，小战士心想："人家又不在，怎么买呢？"大个子战士说："把两个南瓜割下来，我写一张纸条，钱以后送来。"说完，他们割下南瓜，写了一张字条"买两个南瓜，以后付钱——红军"，然后将纸条放在架上回去了。晚饭时，朱德吃到香酥的南瓜饭，打听是谁买的南瓜。得知南瓜还没有付钱，他让人叫来那两位战士，从背包里拿出一块银圆，严肃地说："人不在，也不能白吃呀。"说完要两位战士去送钱。两位战士原以为办了一件好事，不料却受到首长的批评，面有难色。早已站在身旁的排长对他们耳语了一番，他俩才兴冲冲地走了。

红军进村后，帮助村民打扫庭院、挑水、劈柴。一位大爷病了，还派医生为他诊治……一件件红军爱民的好事在村里传颂着。村民们消除了误会，事实戳穿了地主们造谣中伤的阴谋。外逃的村民回来了，村子里家家户户敞开大门，争相帮红军做事，有送粮送菜的，有送儿子去当兵的，真是军民鱼水亲。

那两个南瓜的主人陈亮，也携妻带儿回到了家里，见家中一切如故，十分高兴。棚上两个南瓜不见了，他心里想：家在就好，两个南瓜就当被贼偷了。本来也不把它当回事，可在村民会上，他无意说出了这件事。那两个战士又狠狠地挨了一顿批，他们心里可不服气了。

一天，陈亮的妻子到棚架上去割南瓜叶，准备煮了喂猪，突然发现一个南瓜蒂上用红布扎着一个小包。她拿下来一看，里面包着一个光闪闪的银圆，还有一张小纸条。她不识字，急忙拿到村里给丈夫看，只见字条上写着“老乡，买两个瓜，送上一块银圆——红军”。村里人顿时都聚拢过来，窃窃私语。陈亮顿时面红耳赤，大声说：“我好糊涂啊，原以为南瓜被贼偷了，没想到红军大哥纪律严明，买东西付钱，一个银圆可买好多南瓜呀！”说完他拉着郭大爷一起找朱军长，一是把银圆还了，二是要向两位战士赔罪。朱德激动地对他们说：“这是红军应该做的。银圆你留着，至于赔罪由我来吧。”朱德心里甜滋滋的，心想：这两个小家伙，还真有办法，会上批评错了，真该赔罪。

陈亮一家人十分感动，回到家里，把鸡蛋、鸭蛋和鸡鸭装满箩筐，上面用红纸写着“拥军爱民”，一家三口人高高兴兴地担着慰问品走向美魁堂。红军走之前，他又特地宰了一头大肥猪前去慰劳。

陈亮的“银圆故事”在村里传开了，传遍八百里井冈山，于是拥军爱民蔚然成风。后来，一位诗人以此为题材写了一首《南瓜蒂上长白银》的诗，一位画家还为此画了一幅画。

31 打了胜仗才结婚

朱德与伍若兰在一起生活不到一年。在这段时间，他们经历了湘南暴动、井冈山会师和井冈山上的一次次反“进剿”、反“会剿”。可想而知，他们在紧张的战斗中相爱，聚少离多。但他们二人志趣相投、性格相近，又有较好的文化修养，是一对心灵契合的夫妻。

伍若兰的英勇牺牲对朱德心灵造成很大的创伤。尤其是想到国民党反动派的残暴行径，他心里一时难以承受。虽然她舍身救出军委总部领导的巨大贡献，以及她忠贞的情操和襟怀能一时抚平哀思，但每当有人提及伍若兰，他心里总是无比沉重。同志们多少有所察觉。

他是军长，军务繁杂，事事重大，绝不能让敌人的蓄意伤害得逞。战士们很体贴、关爱军长，战友们和党组织都很关心朱德，都希望朱德能尽快找到一个伴侣，这才是对他最好的抚慰。

一天，朱德和毛泽东路过井冈山的黄坳，看见康克清站在高高的梯子上往墙上写标语。朱德抬头关切地喊道：“小康，这么高，要小心啊！”

康克清一看是朱德和毛泽东，心里暖洋洋、热乎乎的，爽朗地回答："军长放心，掉不下来的。"

毛泽东见这位姑娘这么勇敢、大方，便问朱德："这小同志是哪部分的？"

朱德对毛泽东说："是从万安游击队来的，还是个小姑娘，现在在政治部搞宣传工作。"

毛泽东见朱德对这姑娘比较熟悉，又有好感，便有意识地说："看来这姑娘大有出息，你要好好培养她，帮助她提高。"

毛泽东的话很合朱德的意，也启发了朱德。

红军政治部宣传处与司令部同在一栋民房办公。康克清每天上下班都要从司令部办公室路过，他们见面打招呼多了，康克清觉得朱军长和蔼可亲，拘束感日渐少了。交流中，朱德得知康克清出身寒苦家庭，生父是万安的一个渔民，康克清四个弟弟全都夭折，最大的没有过十一岁，几个妹妹也全都送了人，她出生仅四十天就被送给人家做童养媳。然而，康克清自幼具有反抗精神，她拒绝缠足，带头剪短发，不做童养媳。十四岁她就参加了农民自卫队，后来又参加了北伐军。陈毅带领队伍经过江西万安县时，万安一百多个农军战士随陈毅队伍上了井冈山，其中有七个女战士，康克清就是其中之一。

一个高级将领、一个刚入伍六个月的年轻战士，越谈越投机，越谈越觉得亲切。康克清把这位令人崇敬的军长当作了兄长，朱德把这位出身贫苦、读书不多、工作积极、上进心强的小战士看成了可爱的小妹妹。

一次，康克清苦闷地说：“军长，我家穷，我没上过学，文化水平低，工作起来很吃力。有时写标语还有些字不会写，宣传时有些道理讲不透，真急死人呢！”

朱德开导她：“这个不要紧。文化水平低可以学，一天学一个字，一年可以学三百多个字，日积月累，坚持学下去，将来你就会成为一个女秀才哩！”一番话说得康克清充满信心，开心地笑起来。

红军队伍官兵一致，学文化官教兵、兵教官蔚然成风。朱德就做了康克清的文化老师，康克清虚心好学。

伍若兰英勇牺牲之后，朱德的生活少了人照顾，心灵又遭受打击。曾志作为政治部宣传处负责人、女红军们的大姐，见朱德一直忙于指挥战斗，很少有时间考虑个人的事。伍若兰牺牲后，军长应尽快找一个抚慰心灵、照顾生活的人。有一次，她请朱军长到女战士中间去谈心，特意问朱德：“军长，若兰同志牺牲了，给你介绍个女同志吧？”

一提伍若兰，朱德心里一沉。他知道这是组织上的关心，曾志的心情他理解。一阵沉默之后，朱德随便做了回答：“好嘛。”

从此，曾志把注意力放在了康克清身上，她也对康克清说，朱军长痛失了妻子，在生活上多关心照顾朱军长。

后来，曾志询问双方心意。原来朱德很喜欢康克清，十分同情这个渔民的孩子，只是觉得她太年轻，才十八岁，自己已经四十多岁了，年龄差距较大。康克清也很敬爱朱军长，但她文化水平低，能力差，伍若兰却是军中有名的女将，她觉得自己配不上朱军长。

可双方的顾虑，在他们以后的学习交流中日渐消除，他们从同志的友爱开始步入爱情的殿堂。爱情具有一种神奇的力量，催人奋进。他们的学习和交流，使心与心更贴近了。康克清的文化水平、思想境界提高很快。朱德有了康克清的支持和体贴，更加英勇地迎接新的战斗。两人互相鼓励："打了胜仗才结婚。"

1929 年 3 月中旬，朱德和毛泽东率领工农红军打响了入闽第一仗，攻占了长汀县城。首战告捷，长汀县城的人民欢喜若狂，载歌载舞，打开城门欢迎红军。

在县城一幢普通的民房里，朱德和康克清结婚了。没有鼓乐鲜花，也没有举行仪式，新房里只有一张木床、一张桌子、四只方凳。

毛泽东、陈毅等红军领导和战友来了，当地知情的群众也来祝贺。毛泽东祝福他们白头偕老，并风趣地说："你们今天是双喜临门！"

是呀，朱德和康克清兑现了诺言：打了胜仗才结婚。

32 “司令草鞋”

红军不停地行军打仗，最容易烂的是脚上的草鞋。一周换一双草鞋是正常的事，有时两三天就烂了。编草鞋要稻草、要时间、要技术。紧张的战争中，草鞋破了，没有备用的草鞋只有打赤足。因为那时即使身边有稻草，也没有时间编，新战士即使有时间，也没有技术。

朱德会编草鞋，并且手艺精巧。别看他粗手粗脚，编起草鞋来工艺很细。同样的几根稻草，经他那双粗大的手掌编织，搓出来的草鞋绳特别细柔，且结实光亮，草鞋底编得特别厚实、富有弹性，穿起来很舒适。朱德自己的草鞋都是自己编织的。

部队休整期间，编草鞋是项日常工作，朱德总是带头编。白天很忙，他大都是晚上检查和研究完工作之后，独自悄悄编起来。警卫班的战士有心要学手艺的，也只能这时候坐在他身旁，一边看他编，一边自己也编起来。

朱德手上的三根稻草飞转起来，一眨眼工夫，他就把一截正在搓的草鞋绳坐在了屁股下，手里继续飞快搓，飞快地添稻草，草鞋绳就在屁股后面飞快地长，人像魔幻一般飞快长出了一条长长的金黄色的尾巴，草鞋绳就这样搓好了……要编好一双草鞋，能搓出一根好绳子是关键。同样的一把稻草，同样的动作，从朱德手心飞转出来的草鞋绳就像一根细柔的金丝带。战士们反复学，一时难以达到这种水平，大家都羡慕总司令编草鞋的手艺。

朱德每次都要多编三五双草鞋，出发时都把它们挂在马鞍上。行军途中，或队伍休整时，一发现哪位战士的草鞋烂了，他就从马鞍上取下一双送给他。战士们能穿上总司令编的草鞋，有说不出的幸福感，走起路来特别轻松、有力、快捷……这不仅是因为朱德编草鞋的手艺高超，更因为这是总司令亲手编出来的草鞋——“司令草鞋”！

1931 年盛夏，正午太阳火辣辣的。红一方面军一队红军像一条游龙似的行走在武夷山崇山密林中。

“队伍进山林原地休息！”队伍中传来总司令的口令。朱德见中午太阳晒得厉害，让战士们在这林荫里午休一会儿。

指战员手里拿着枪，三三两两地在山路旁、凉亭里、老橡树底下微微合上眼躺着。朱德把马拴好，也在一棵老橡树下坐下来。他习惯性地拿出书看一会儿，觉得瞌睡虫来了，他马上收起书，走一走，检查检查。看着战士们摆出各种睡姿，传出轻微的鼾声，他心里甜丝丝的。他脚步移得尽可能轻，让战士们好好休息一会儿。

那边樟树下鼾声如雷，他一眼望去，原来是战士黄甫开。小伙子大概很疲倦了，全身卧在樟树底下，睡得十分香甜，呼噜还传出口哨声呢。朱德发现他的两只草鞋鞋底已磨穿，脚板全露出来了。朱德悄悄回到拴马处，从自己的马鞍上取下一只新的草鞋和一只还没有来得及编好的草鞋，坐在老橡树下，赶紧把还没编完的草鞋编好了。编好后，他又拿起草鞋欣赏自己的手艺，又整一整，把它弄得平整、结实。然后，他提着草鞋，悄悄向黄甫开睡觉的地方走去。正在这时，黄甫开翻了一个身，朦胧中见朱德站在身边，慌忙站起来，行了军礼，严肃地问："总司令，有情况吗？"

朱德半笑半认真地说："有情况。请马上看你的右脚！"

黄甫开低头一看，不觉难为情起来。原来他右脚一擦，漏底的草鞋在脚上调换了方向。

朱德笑了笑，说："快把这只'漏板船'换掉吧！再也不能穿了。"说完，他便把手里的新草鞋交给了黄甫开。

黄甫开一看，朱德脚上穿的也是一双旧草鞋，心想：把首长的草鞋穿了，他穿什么呢？不能让首长赤着脚翻山越岭呀！于是，他说："朱总司令，我从小在山沟里打柴挑担、爬山过坳，打惯了赤足，不穿草鞋也能长跑。"

朱德说："快穿上吧，我还有。再说我脚上的草鞋还能穿两三天呢！"他重新把新草鞋塞在黄甫开手里便走开了。

黄甫开拿着这双"司令草鞋"，看了又看，自言自语："朱总司令的手真巧呵！"

黄甫开转头一看，见朱德的马正在对面小松树下吃着青草，忽然想起朱德的警卫员曾对他说过的一件事：朱总司令每次行军打仗之前，都要抽空亲手编好三五双新草鞋，绑在马鞍上，谁的草鞋坏了就送给谁。黄甫开走过去，马前马后一翻，草鞋没有了，这是朱总司令最后一双草鞋了。他不忍心，万一别的战士的鞋坏了，朱总司令就没草鞋送了。他只好悄悄地把这双草鞋绑在了马鞍上。

朱德过来了，笑着说："你真不要呀？"

旁边一位战士故意说："黄甫开，你不要，那你穿我的吧。'司令草鞋'给我呀！"

黄甫开听战友这么一说，连忙从马鞍上解下来，将新草鞋藏在身后，对战友笑着说："嘿，你想得美。朱总司令是送给我的哩！"

朱德也笑了起来。

队伍出发了。黄甫开穿上了"司令草鞋"，得意扬扬。当他准备随队伍出发时，一眼看到了地上那双换下来的烂草鞋，心念一动，立即把新草鞋从脚上换下来，重新穿上那双烂草鞋，扛枪大步走进了队伍。

"司令草鞋"一边一只挂在腰间的皮带上，一步一晃的。后面的人看了，那两只"司令草鞋"还真像指挥者的两只手，为行军步调打起了拍子……

33｜总司令束手就“擒”

“站住！请把路条拿出来检查！”

朱德带领两个警卫员，从瑞金出发，要到银坑去检查工作。来到路口时，被两个扛红缨枪站岗的儿童团团员给拦住了。

两个警卫员都从自己口袋里掏路条。不料走之前，他俩都忘带了。警卫员只好向儿童团团员说明：“小同志，我们确实有路条，只是出发时疏忽，忘记带了，好歹通融一下，让我们过去！”

两个儿童团团员，一个十四五岁，一个十一二岁，一瘦一胖、一高一矮。“瘦高条”马上斩钉截铁地回答：“没有路条，不能通过。这是规定！”

朱德也走过来了，向警卫员问明缘由，觉得他们不该疏忽，此事不好办。他笑盈盈地走近“瘦高条”：“没有路条，该怎么办？”

“小胖墩”抢着回答：“怎么办？按照县里的规定，没有路条的人，就得绑起来押送到县苏维埃政府。”

“哎哟，这么严重！你们不知道，这位首长不是别人，是朱德总司令呢！”警卫员解释道，“路条和规定都是他制定的哩！”

“我们又不认识他。”“瘦高条”用怀疑的眼神看了一眼朱德，摇头说，“不行，谁晓得他到底是不是。”

朱德想了想，微笑着上前问道：“一定要绑？”

“对，一定要绑。”“小胖墩”又抢先回答。

“那好，绑就绑吧。”朱德又笑着说，“每人只绑一只手，行不行？”

“瘦高条”转身与“小胖墩”商量了一下，说：“好吧，你们说他是朱总司令，我相信一半，那就只绑一只手吧。”

说着，“瘦高条”就从腰上解下一条绳子，把朱德和两个警卫员的左臂都绑了起来。

“走吧，到县苏维埃政府去！”

“小胖墩”在前头带路，“瘦高条”在后面压阵，前后两杆红缨枪挺威风的，一行五人就这样上路了。

来到县苏维埃政府门口，正巧县委书记邓小平从里边走出来，定睛一看，两个小鬼竟把朱总司令给“押”来了。

县委书记急忙跑过来，一边给朱德和两个警卫员松绑，一边斥责那两个儿童团团员：“乱弹琴！你们怎么能把朱总司令绑起来呢？”

朱德笑着对邓小平说：“不应该批评他们，严格按规定办事，他们做得很对嘛。该受批评的是我们，因为我们确实忘了带路条嘛。”

第二天，朱总司令在群众大会上表扬了这两个儿童团团员，并亲自题写了四个大字“提高警惕”，奖给了这个儿童团哨卡。

34 誓死北上

1935年初秋，一个骤起乌云的日子，朱德带着几个警卫员和参谋人员，来到黄河上游噶曲河。他一面观察河水，一面派人测试河水的深浅，为红军渡河北上做准备。谁也没料到，就在当天夜里，张国焘突然行动，下令把朱德扣押起来。

张国焘对朱德讲了种种不能北上，只能折回川康的理由，并对朱德说："第一，你必须公开谴责毛泽东，断绝与毛泽东的一切关系；第二，你必须公开谴责中央北上的决议，与毛儿盖会议划清界限！"

朱德黑着脸，强压胸中怒火。听完张国焘这番"高论"后，朱德斩钉截铁地说："你可以把我劈成两半，但你绝对割不断我与毛泽东的关系，朱毛朱毛，朱离不开毛，朱毛不可分！中央北上的决议，我是举手赞成了的，现在怎么能反对呢？"

张国焘料到朱德不会轻易就范，于是逼近朱德，发出歇斯底里的怒吼："如果拒绝这两项命令，就枪毙你！奉劝你三思而行，免得后悔！"

看到张国焘这副嘴脸，朱德神色严峻，脸若钢板，双眉紧锁，怒目喷火，他坚定地对张国焘说：“我朱德没有什么特殊的地方，我和我们部队的战士一样，对毛泽东是有感情的，对党中央的路线是信任的。你要枪毙就枪毙好了，我绝不接受‘命令’，也绝不会有什么悔恨可言，有的只是莫大的自豪！因你朝思暮想的是叛党投敌，卖身求荣，而我梦寐以求的是人要有傲骨！我宁可饮弹身亡，也绝不做任何损害党的事情。”

第二天，朱德写下了一行遒劲有力的大字：拥护毛泽东！拥护党中央！拥护北上！

35 总司令尝百草

1936 年 4 月，朱德带领红军大学同总部机关来到炉霍做短期休整，准备第三次过草地。

之前过草地教训惨痛，因误食野草毒死了不少红军。解决部队过草地的吃食问题是头等大事。朱德先请教藏民，了解这一带有什么能吃的野菜。然后，他亲自带领炊事员、饲养员、警卫员等十余人组成的野菜调查小组，一起采集野菜。第二天，他又组织了一支四十多人的采野菜大队，原先参加过野菜调查小组的同志担任野菜推广介绍员。这次，“战绩”较之前更加辉煌。每采到一种野菜，朱德总是用指甲掐了又掐，用鼻子嗅了又嗅，还亲自尝一尝。他把每一种野菜的性能、特点摸透，才准备在部队里推广。

5 月，一个晴暖的晌午，操场上举办展览会，展品就是朱德带队采来的野菜。这些野菜在操场上整整齐齐、分门别类地挂牌陈列，一棵棵、一株株、一把把，形状各异。

各单位的代表排着整齐的队伍来到操场，朱德捡一根小棍作为

“讲解棒”，亲自做起讲解员：“今天咱们开个展览会，展品就是野菜。大家别小瞧它，这里名堂还不少哩。把同志们请来，就是要介绍、研究这些野菜，让它帮助我们过草地。”

朱德先请参观展览的同志报出认识的野菜，并介绍性能。然后，他一一介绍了蒿子、牛耳大黄等野菜的生长环境、做法、吃法和口感。大家吃惊之余，一个个认真地记录起来，生怕漏掉。

朱德最后将声音提高八度：“同志们，我们要纪念这个红五月，野菜也要来参加革命了，现在我号召大家上山去挖‘革命菜’！”全场响起经久不息的掌声，大家无不被总司令这位特别的“讲解员”所感动。古有神农尝百草，今见总司令尝百草啊！

三过草地，各部队掀起挖野菜的高潮。有的野菜放上油盐顶蔬菜，有的掺在饭里顶粮食，有的洗净生吃当水果……大家吃野菜时，又想起了总司令。

36 烧牛粪比赛

1935年，因张国焘的错误路线，红四方面军被迫二过草地，朱德总司令在一时不能扭转局面的情况下，只得再次随队，不能让张国焘得逞。他发誓一定要带队伍北上，同中央红军会师。

队伍且战且走，向川康边境撤退。1936年，队伍又翻越夹金山、党岭山等雪山，占领了道孚、炉霍、甘孜等地，甩脱了敌人。

这时，遭受磨难达数月之久的红军战士，面黄肌瘦，衣衫褴褛，精神状态与之前相比有天壤之别。吃三遍苦受三遍罪，三过草地已成必然。

面临三过草地，朱德觉得开野菜展览会还不够。曾经学体育专业又担任过体育教师的他，深知生命在于运动的科学道理。身体素质越差，越要锻炼，人的精神垮了，即使草地上没有拿枪的敌人，队伍也会被拖垮。振奋全军精神乃当务之急！

朱德命令红四军在炉霍举行全军运动会。

饭都难吃饱，大家不知哪来的劲头，接到朱德命令后，从早到晚练跑步、球赛、跳高、跳远、跨越障碍、刺杀、投弹、骑兵表演，以及识图、识别和利用地形地物。全军人人苦练，选出代表队参赛。

5 月 1 日劳动节这一天，青藏高原天格外蓝，阳光格外艳丽。全军运动会开幕，朱德坐在评委席上，信号枪响起……

运动会一直持续到 5 月 3 日。当日下午进行了朱德提议增设的最后一个项目：烧牛粪比赛。考虑到部队进入草地后，即使找到了野菜也找不到柴火，只能用牛粪做燃料，可这牛粪不懂门道很难烧着。有了这个项目，大家可以互相介绍经验。

各代表队准备参加比赛。

鲜牛粪被做成了大板子状，贴在墙上，干了就揭下来堆放好。为了迅速点燃，火苗旺，各种好办法轮番上场。有的自制了一种小风匣子。小风匣子是用整张羊皮做的，前端绑上一段竹管子，后端开个口子，口子的两边各绑上一块小木板，然后按照“推闭拉张”的原理，一推一拉，前端的竹管便呼呼生风。

这个项目的比赛规则是，从堆放牛粪开始，看谁先点燃牛粪并升起火苗。

“砰”的一声，主席台点火信号枪响起，数千名红军战士几乎同时划着了火柴。一会儿，宽广的平地上到处青烟袅袅，各路烟柱升空后汇聚成一条巨龙，滚滚北上……

红军队伍滚滚北上……

37 | “老班长”

漫漫长征路上，朱德与战士们最不同的，就是组织上给他配备了两匹马，一匹用来驮行李、文件，一匹用来骑乘。但这匹马名义上是总司令的坐骑，实际上他总是让给病号、红小鬼和体弱的女兵骑。别看他年近半百，他总是迈开矫健的步伐走在战士行列里。

1936 年 7 月，红军左路纵队北上穿越草地。一天，总司令的坐骑又让给伤员去骑了，朱德跟三十军的战士们走在一起。

前面的伙夫小陈挑着一个担子，一头是桶，一头是口铁锅。朱德见他走路一瘸一拐的，赶过去仔细看，小陈的双脚起了血泡，有的还被草鞋绳磨破了，血水染红了草鞋绳。伤在战士身，痛在朱德心。

“小同志，你歇一歇，包扎一下脚上的伤口，我替你挑一会儿。”朱德说。

小陈见到总司令，激动得话都说不出来，反倒越走越快了。

朱德又看看那只脚、那只草鞋，他大步跟上去，不管他同不同意，夺过担子挑上肩，让小陈追也追不上。

休息号吹响了，朱德放下担子，掏出烟斗，悠闲地抽着烟，同周围的人摆起了龙门阵，讲故事，说笑话……

这时，后面几个战士气喘吁吁地追上来了，他们看一眼年纪最大的朱德——黑黑的脸膛，满嘴的胡须，嘴里叼着烟斗，铁锅正在他身边，以为这就是伙夫班长，于是亲热地上前招呼道：“喂！老班长，有开水喝吗？”

朱德一抬头，见战士口渴的模样，连声应道：“有！有！请稍等一下，我马上就烧。”说着，他起身拿起锅。

坐在旁边的李平可急了，一边夺下锅，一边对几个战士气呼呼地大声说：“这是总司令，什么班长不班长的！”

战士们一听愣住了，红着脸，耷拉着头。

从此，总司令是“老班长”“伙夫头”的美谈在草地上不胫而走。

38 草地在抽泣

高山岩洞是我房，
青枝绿叶是我床，
哪怕白匪来“围剿”，
海枯石烂心向共产党！
…………

夜晚，草地上传来女红军的歌声。此时，草地没有了硝烟，没有了弹坑，四周却茫茫无人烟，脚下布满了深不可测的泥坑。这里虽然没有了白匪的“围剿”，却惊醒了沉睡千百年的“草匪”，它们正在向红军张开血盆大口：泥沼、冰雹、寒冷、饥饿等已夺去了无数战士的生命。

这里自古至今没有路，连鸟也不路过这里。为了北上抗日、拯救党和民族，红军务必在这里走出一条路……

1936 年 7 月，朱德已率领左路纵队在草地上走了几个昼夜，眼看从敌人的枪林弹雨中英勇冲出来的战士，一个个陷进了草地，一个个饿死在草地上……爱兵如子的朱德心如刀绞。战士们已断粮两天，骡马杀掉了，皮带、皮鞋也煮着吃了，草地上能吃的灰灰草也挖光了，连野兽尚未消化完而排泄出来的麦粒也有人洗着吃了……

朱德命令："把首长的马统统杀掉分给战士们吃！"

可是，朱总司令的马被他的军医史芳给藏了起来。她是医生，她有权力为照顾总司令这样做。总司令救兵如救子，心急如焚，对医生藏马的事很恼火。

朱德听得出这是史芳的歌声。前面燃起无数堆篝火，他朝歌声传出的方向快步走过去。

史芳正在篝火旁，火光映照着她菜青色消瘦的脸庞。她的军衣已烂得不成样子，每个破洞都用铁线草吊着、连着，但风纪扣系得很严，绑腿打得很整齐，头发也用铁线草扎成两个小辫子，乌黑发亮。

朱德悄悄打量篝火旁的每一个战士，一个个都如同亲生，令人心痛难忍。

终于有人发现朱德，说："总司令回来了……"

朱德因为军医藏马的事还没消气，没好气地看了史芳一眼，心疼又生气地说："史芳呀，不能口口声声说司令不能没马，司令更不能没有战士啊！为什么不想想这么多饿着肚子的红军战士呢？"

史芳只好苦笑着面对朱德。她突然兴奋地转移了话题："总司令，我有个新发现，我有办法让红军走出草地。"

朱德眼睛一亮，连忙掏出烟袋锅塞上大黄叶，蹲下取火，眉头舒展地听她的下文。

史芳从兜里掏出一大把野菜，说："这几天我一直在尝试这些野菜，我发现大黄叶子菜、野韭菜、籽籽菜、刺儿菜、花菜、锯齿菜、野蒜等都能吃，菜源一扩大，我们的日子就好过了。"

朱德马上揪一片野菜放嘴里嚼嚼，脸上露出惊喜的神色："好，好呀，马上向全军推广，但以后不许你再胡闹，中了毒我可饶不了你。"

史芳从篝火上取下茶缸，将煮好的野菜糊倒给朱德吃。朱德发现野菜里有青稞粉，可进草地前每人只分了半斤青稞粉，早吃完了。他问："青稞粉，你从哪儿弄来的？"

"是从您口袋里倒出来的粉屑。"

"我已倒过两次了。"

"您漏了袋子里的死角呀。"

"哈哈，你这个同志！再拿个缸子来。"

"总司令，我吃过了，吃饱了……不信看我的嘴。"史芳话音未落，就提着巡诊包溜走了。朱德看着她的背影，深情地点了点头。他找来其他战士的把缸，让大家把这一碗野菜糊分着吃了。

第二天上午，先头部队急忙传话，说有个干部不行了，要见总司令。

朱德跑步赶过去，一看竟是史芳。朱德蹲下身把她的头抱在胸前，她的身子已轻得像根干草……这是朱德和战士们心爱的军医啊！

“快，快，谁还有一口炒面，一口就行……”朱德仰头乞求大家，可大家只有泪水……

战士们都低下了沉重的头，他们的干粮袋都打了绑腿，补了又补。

史芳却艰难地露出微笑，从怀里掏出一个牛皮纸包，放在总司令手里，用已放大了的瞳孔盯住朱德，轻轻吐出一口气，一字一字非常吃力地说道：“总……总司令，马不……能杀……那会戳痛……所有红军……的……”

朱德一边听着，一边赶紧解开牛皮纸包，里面是半斤青稞粉：“快，煮给史芳吃！……”

但史芳说完话，头慢慢垂下，瞳孔散大无光……

朱德抱住史芳下垂的头大呼一声：“史芳啊——”朱德和战士们泪如雨下。

草地在无声抽泣！

39 两封“孝母信”

朱德有两封从抗日前线发出来的鲜为人知的“孝母信”。

1937 年 9 月，朱德在山西前线给前妻陈玉珍写了回信。因出国留学和回国参加革命，南昌起义后，他就与老家中断了联系。多年来，家中一切事务都靠玉珍辛苦操持，朱德表示了深深歉意。信中朱德还详细地把平型关大捷的好消息告诉了玉珍，让她分享胜利的喜悦。

1937 年 11 月，朱德又给前妻写信：

玉珍：

由南溪来信数封均收到，悉一切情形，又家中朱礼书来信亦悉。许明扬近到我处，见面亦谈及家中情况。十年来的家中破产、凋零、死亡、流亡、旱灾、兵灾，实不成样子。我早已看到封建社会之破产，这是当然的结果。尚书死去，云生转姓，后事已完，我再不念及。惟两老母均八十，尚在饿饭中，实不忍闻。望你将南溪书籍全卖及产业卖去一部，接济两母千元以内，至少四百元以上的款，以终余年。望千万办到。至于你的生活，望你独立自主地过活，切不要依赖我，我担负革命工作昼夜奔忙，十年来艰苦生活，无一文薪水，与士卒同甘苦，决非虚语。现时虽编为国民革命军，仍是无薪水，一切工作照旧，也只有这样才能将革命做得成功。近来转战华北，常处在敌人后方，一月之内二十九日行军作战，即将来亦无宁日。我这种生活非你们可能处也，我决不能再顾家庭，家庭亦不能再累我革命。我虽老已五十二岁，身体尚健，为国为民族求生存，决心抛弃一切，一心杀敌。万望你们勿以护国军时代看我，亦不应以大革命时代看我。望你独立自主，决不宜来前方，亦不应依赖我。专此布复。并望独立。

朱　德

十一月六日

山西昔阳县

朱德深知生母和养母都在挨饿，心里非常牵挂老母亲，自己又无法相助，只好悄悄写信向四川泸州的中学同学戴与龄求助。朱德在信中写道：

与龄老弟：

我们抗战数月，颇有兴趣。日寇虽占领我们许多地方，但是我们又去恢复了许多名城，一直深入到敌后方北平区域去日夜不停地与日寇打仗，都天天得到大大小小的胜利，差堪告诉你们。昨邓辉林、许明扬、刘万方等随四十一军来晋，已到我处，谈及家乡好友，从此话中知道好友行迹，甚以为快。更述及我家中近况颇为寥落，亦破产时代之常事，我亦不能再顾及他们。惟家中有两位母亲，生我养我的均在，均已八十，尚康健。但因年荒，今岁乏食，恐不能度过此年，又不能告贷。我十数年实无一钱，即将来亦如是。我以好友关系向你募贰佰元中币，速寄家中朱礼书收。此款我亦不能还你，请作捐助吧。我又函南溪兄［寄］贰佰元，恐亦靠不住，望你做到复我。

此候

近安！

朱　德

十一月廿九日于晋洪洞战地

两封“孝母信”，亦足见朱德总司令孝敬祖国母亲之赤胆忠心！

40 | 查夜哨

朗朗月夜，襄垣西营花豹拐的岗哨处，突然发生了一件农民抢哨兵枪支的事件。

新战士连贵和刚调来八路军总部，人生地不熟，但他深知八路军与当地老百姓的鱼水深情。夜里放哨，一个老百姓突然要抢自己手里的枪，这就不可容忍了，枪是战士的生命，况且他是在为总部首长们站岗呢。他发现这大伯动手抢枪，就认定面前的老乡是个坏人。他火冒三丈，不管三七二十一，拿枪托朝着对方胸脯用力一推，那老乡便跌倒在地，摔得半天起不来……

“小战士，我不是坏人，不是坏人。”摔倒在地上的大伯连连说，“我只是想借你的枪用一下……”

事情是这样的。连贵和夜里站岗，突然发现从南边的路上走过来一个人，披着一件破旧的夹衣。当他走到跟前时，战士便把他拦住，开始仔细盘问：“大伯，你是哪里的？”

“我是磁窑头的。”

“去哪里？”

“就来花豹拐。”

连贵和正要问他来花豹拐干什么，对方连忙说：“八路军同志，我本来想去花豹拐办件事，看来不用去了，你就能帮我的忙。”

“我在站岗。什么事？”

那人笑盈盈，看起来和蔼可亲，他赶紧说：“是这样的，我家很穷，靠着打猎卖些钱维持生活。偏偏枪坏了，刚才一路走来发现山上有几只狐，就在你前面过去一点，想借你的枪用一下，用罢马上还，怎么样？”

一听要借枪，连贵和就想起了首长的话，便对这位大伯说：“按军队的纪律，枪是不能借的！”

大伯继续纠缠：“八路军是人民的子弟兵，同老百姓是一家人。我是个穷苦百姓，连这点忙也不能帮一帮？”

“大伯，不能啊！这是纪律。”

对方有点火了，板着脸孔，气冲冲地说：“我认识你们首长，我去问问你们首长！”他一边说还一边拉连贵和，并伸手来抢枪……

这人尽管满嘴“我不是坏人”，但抢哨兵手里的枪已不是件小事，连贵和把他扭送到连部。

第二天，一个战友告诉连贵和：“贵和，你坏事了！你送到连部的那个人是朱德总司令啊，你打了总司令，要受处分了！”

连贵和一下被吓蒙了，想起当时确实打了那个大伯，但没想到打的竟是总司令……

这是 1938 年 5 月，过几天，总部召开了全体指战员大会，连贵和一身发软，准备在会上接受处分。然而，首长在会上宣布："连贵和，记特等功一次！"

连贵和不敢相信自己的耳朵，连叫他上台领立功证还不敢相信，认为首长报错名字了。

可打开立功证一看，上面写着：连贵和同志在 1938 年 5 月因朱总司令穿便衣查哨被记特等功一次。

41 武乡的民歌

锣儿响，响当当，
朱德将军好心肠，
宽宏又大量，
意如铁，志如钢，
年年月月都一样，
爱民如子女，
爱党如爹娘。
哪一个不说他是顶天立地的英雄将！

武乡县是华北抗日根据地八路军总部所在地，在朱德部队驻过的王家峪、砖壁村等地流传着许多民歌。

王家峪有位张大爷爱下棋，在当地号称“张高棋”。朱德来到了张大爷家，连杀两盘，张大爷都输了，并局局输在卒子上。

“‘老八路’擅长卒子过河，绝招！”张大爷甘拜下风。

“老八路”笑呵呵地对张大爷说：“这和打鬼子一样，只靠我们八路军还不够，还要靠咱们全国老百姓。只有军民并肩战斗，才能把日寇赶出中国去！”

“好棋手！好棋手！难怪八路军打仗也高明！”张大爷连声称赞。第二天他才弄清，同他下棋的“老八路”正是让日本鬼子胆战心惊的朱总司令。后来，他记住了朱德过河卒的那句话，他和儿子都自告奋勇地参加了村里的抗日自卫队。

总部附近住着双目失明的朱虎江老两口，朱德和警卫员经常帮助这对孤苦的老贫农挑水、劈柴、烧火做饭。老人伸手抚摸朱德，知道这是个身材魁梧的“老八路”。“老八路”离开后，他们二老就对唱《顶天立地的英雄将》，有时唱得满面泪光……

八路军粮食匮乏，战士们只好采食驻地的榆树皮和叶子，朱德见了连忙制止：“老乡生活很苦，我们采光了，老乡吃什么？三大纪律八项注意什么时候也不能忘。”司务长后来只好带战士们跋山涉水寻野菜。

在砖壁村，朱德住房的窗后有一个大石碾，老乡常用它来碾磨粮食。朱德每次听到石碾一响，只要有空就过去帮老乡推碾，几乎家家他都帮过忙。他利用推碾了解群众疾苦，宣传党减租减息和改善人民生活的政策，边推碾边唠贴心话，又讲抗日救国的道理和形势。这里成了朱德的讲坛，温暖着全村人和八路军的心房，老乡把这个石碾称为“连心碾”。

砖壁村缺饮用水，没井，乡亲们世世代代都要赶到几里地外的山塘取水，而且水质很差。朱德小时候就在琳琅山的村子里掘了口井，找井他有经验。他一直把砖壁村的井挂在心上。一天，他观察到一个小山口雾气很重，他断定这是个打井的好地方。他召开总部机关打井动员会，他和彭德怀、左权亲自上阵，硬是打了一口十三米深的井，终见清泉悠悠……

老乡们捧着甘甜的泉水，笑得合不拢嘴：祖辈只知盖龙王庙、建万圣厅，拜龙王、拜万圣，终于八路军来了,“龙王”“万圣”也来了！

这口井，后来被老百姓叫作“抗日井”。

抗日井啊抗日井，
红砂甜水清凌凌；
吃水不忘八路军呀，
日夜想念总司令！

42 | 走在前面那个人

1942 年秋天的一个下午，日斜西山时，延安交际处警卫排的排长刘思，从延河西面七棱山挑了一担刚收割回来的糜子苗，同中央机关休工的同志一道回场院。

大家背的背，挑的挑，扛的扛，顺山路一个个往下走，路弯弯曲曲，收糜子的队伍就蜿蜒成一条游龙。

刘思本是去杨家岭找交际处的黄林汇报工作的，知道机关工作人员都来收割工地，他就来工地边劳动边汇报工作了。党中央倡导大生产运动以来，这样边工作边劳动是常事。

刘思挑着一担足有九十多斤的糜子苗，走在队伍当中。工地到场院有四里多路，山路有时很陡很滑，拐弯处还很窄，挑着、背着多有不便。担子越挑越沉，汗水从额头流进了眼睛里，一身都湿透了，他真想放下担子歇歇。可一见队伍都在往前移动，他不好拖后腿，便硬着头皮、挺直腰赶路。他正是二十几岁踩遍田、踏平坎，浑身是力气的时候啊，怎么能觉得吃力呢？他暗暗自责。

走着走着，他忽然发现前面三十多步的样子，有一个人背着一大捆糜子苗，像一座小山似的，却脚底生风，扇得路上的草木两边分……这是谁呀？只见那人双腿、身子全被背上“那座山”给挡住了。

“谁这么大的力气？真想把那糜子苗一个人背回来呵！”刘思佩服走在前面的那个人，自己的双腿也有了些力气，想往前赶，看看他是谁。但怎么也赶不上他，“一座山”一直在他面前向前移动……

已到了场院，前面的同志赶紧过来帮他卸下背上“那座山”，还不断嗔怪着：“您怎么能背这么多啊！”

刘思定睛一看，原来他是我们的朱总司令。刘思惊呆了，只见总司令满脸是汗，衣服也湿透了，那浓黑的眉毛下，眼睛炯炯有神，精神抖擞，毫无倦意。朱老总可是五十多岁的人了，他总是同普通战士一样干活，普通战士甚至还没有他这么大的能量。大家都跑上去说：

“别把老总的混在一起了。”

“马上打一打糜子，量量总司令背了多少。”

“估计有两斗。”

“可能有两斗半。”

大家动手搓的搓，打的打。不一会儿就打完，一量，一个个直愣愣地瞪着眼睛：“啊呀，三斗啊！”大家都呆望着那山一般的糜子苗，半天说不出话来。

“老总啊老总，您背的那糜子苗有一百五六十斤重啊！”

43 | 不要孝子贤孙

1953年，朱敏结束了在苏联的学习，怀着万分喜悦的心情返回祖国，来到了久别的父亲身边。她紧紧拉住父亲朱德和母亲康克清的手，恨不得一口气把在苏联的学习和生活情况来个竹筒倒豆子。朱德见女儿长大成人了，将成为社会主义建设的有用之材，打心眼里高兴。十几年来，他一直盼望着女儿能回到自己的身边，享天伦之乐。但一路辛苦为人民打江山的朱德，最懂得打江山是为了更好地为人民建设好江山。个人的享乐在人民的幸福快乐面前就可以省略不计了。

朱德抚摸着女儿的头发，亲切地说："你回来了，很好嘛！我们国家正在实施第一个五年计划，需要大批的人才。你要把自己学到的知识，贡献给社会主义建设事业。"

"爹爹，多年不在您的身边，我没有尽到女儿的责任。这次回来我就不离开您了，好好地侍奉您。"朱敏亲昵地挽住朱德的胳膊，深情地说。

朱德看着女儿，笑了起来："好女儿，爹爹要革命事业的接班人，不要孝子贤孙。爹爹像你这么大的时候，早已离开家寻求救国道路，现在还没回过家呢。今天，我们的条件好了，一家人可以经常团聚了。”接着，他又温和、耐心地说：“你要时刻记住，我们都是在共产党的教育下成长起来的，所以要全心全意地为党工作。爹爹这里你就不要操心了，把精力投入到工作中去。等你生下孩子，就搬到单位去住，一来便于工作，二来可以和群众打成一片，学到许多好的东西。”

父亲的一席话让朱敏有点困惑不解：父亲一直希望自己回到他的身边，可是回来了，为什么又让她离开这个家呢？这让她想起了十三年前见到父亲的情景……

朱敏是在苏联出生的，她还在襁褓中时，为了党的需要，父亲匆匆回国，母亲却要继续在苏联学习，就这样三人分隔两地。后来，通过组织的帮助，朱敏于1940年好不容易辗转来到延安。见到父亲，依偎在父亲怀抱里的那一刻，她情不自禁地流下了眼泪……

朱敏回到父亲身边，感受到浓浓的父爱。但仅仅一起生活了两个月，父女又匆匆离别了。父亲要送她去苏联学习，将来好为国家建设出力，她同意了。她去苏联学习后，苏德战争爆发，朱德给她写过信。但他不知道女儿已被德国法西斯抓进了集中营，饱尝囚徒般的磨难。直到1945年战争结束，苏联政府把朱敏的音信告诉他时，他才知道女儿的情况。于是，朱德立即写了一封信，希望朱敏原谅父亲，并且解释他之所以没有向苏联方面询问她的情况，是因为苏联当时也处在战争灾难当中，他怎么能为个人的事情去麻烦苏联政府呢？五年了，父亲难道就不想女儿吗？他一心为国，其间也同苏联有过国事联系，但他不想为个人的事向苏联政府打招呼。

朱敏理解父亲，原谅父亲，因为朱德不是一个普通的父亲。不久，朱敏生下儿子，全家人高兴极了。朱敏听父亲的话，休完产假就搬去单位住了。

她在北京师范大学工作。当时北师大宿舍尚未盖好，朱敏夫妇住在集体宿舍里，这一住就是四年，朱德却说住集体宿舍更能接近群众。

朱敏住在单位，朱德怕分散她的工作精力，允许她节假日回家看看。那时，朱德要儿子朱琦当火车司机，朱琦更没时间在他身边。

1965 年底，北师大要组织部分师生到山西农村调查。朱德鼓励女儿报名，去农村补上这一课。

朱德让朱敏去了山西武乡县的抗日根据地，她去了父亲住过的王家峪，代父亲看望了老支书、老村长，又去砖壁村看了父亲亲自组织战士们为群众打的那口“抗日井”。在山西农村调查期间，朱敏患上眼疾，当时农村医疗条件差，只好将眼球摘除了。女儿失去了一只眼睛，朱德鼓励女儿：“你虽然失去了一只眼睛，但你了解了中国农村，收获大于损失。”

当朱德知道女婿在江西干校养猪，他高兴地说：“养猪好啊，国家需要猪，人也受到了锻炼嘛！”朱德说完还哈哈一笑，风趣地对朱敏的丈夫说：“你养猪，你儿子也养猪，你们父子交流交流经验嘛，看谁养猪养得好。”朱德教育后代还有这样一句话：“要接班，不要接

‘官’。”他解释道：“要接班，是接革命的班，接下为人民服务的思想，时刻想着大多数人，掌握为人民服务的本领，实实在在地干革命。如果忘掉了人民，心里想着当官，就会脱离群众，早晚有一天要被人民打倒。”这是朱德关于培养接班人的基本观点，他的儿孙就是在这种思想下成长起来的。

朱德的几个外孙、孙子都在外地工作。有关部门考虑到朱德已是八十八岁的老人了，身边应该有人照顾，于是决定把在青岛海军某部当兵的孙子调回北京。朱德的孙子调回北京的第一个星期天，就去看望爷爷奶奶。一进家门，爷爷就问他：“你怎么回来了？是出差，还是开会？”他知道爷爷要求严格，不敢说实话，只说自己是临时到北京海军某部帮忙。

两个月以后的一个星期天，他又去看望爷爷。这回朱德猜出里面有名堂，把他叫到自己的办公室，非常严肃地问：“你在海军帮忙多长时间了？怎么不走了？是不是调回北京了？”

他一看爷爷这神色，知道瞒不住了，只好红着脸说：“我调到北京了。”他还说这是组织上考虑便于照顾爷爷。

朱德一听，觉得里面有问题了，很不高兴地说：“我要的是革命接班人，不要孝子贤孙！哪里来的，还应该回哪里去！”

过了几天，朱德把海军领导请到家里，了解孙子调动的经过。他拒绝了海军领导的照顾，说：“我们领导干部的子女都留在北京，不是搞特殊化吗？那还有谁去保卫祖国的边疆和海防？”

朱德的孙子后来又被调到了南京某部的基层连队。下调令时已是年关了，他对爷爷说："明天就是除夕，我陪爷爷过了春节再去连队报到。"

"不行！一个解放军战士，必须坚决服从命令，听从指挥，严格执行纪律，大年三十也要走，到部队和同志们一起过春节更有意思。"

朱德的孙子原本约了在天津工作的母亲来北京团聚，母亲因工作忙当天下午才赶到北京，这时他已听爷爷的话，打起背包登上了南下的列车……

44 | 回拜昭觉寺

1957 年初春，国家副主席朱德在湖北、广东、广西、云南、四川、陕西等省、自治区考察。2 月 25 日，他抵达四川成都。这是他数十年后第一次回到成都。成都之夜，他失眠了，辗转反侧，思念老家。他掰着手指头算着，离开仪陇已四十多年了。马鞍场、琳琅山的父老乡亲还好吗？他想这次回到了成都，再忙也要了却多年的夙愿——要去昭觉寺，面谢当年的救命之恩。

那一年，驻川滇军首领罗佩金在蔡锷之后署理四川督军，为巩固在四川的地位，提出一个削弱川军的裁军计划，结果遭到刘存厚等川军的抵制。于是，罗佩金决心以武力胁迫川军改编，大量调集滇军于成都附近，朱德奉命率部由泸州开到成都。

当年 4 月，巴山蜀水，硝烟弥漫，炮火连天。因编遣军队等利益冲突，滇军罗佩金部与川军刘存厚部在成都发生激战。川军以大炮轰击滇军驻地成都旧皇城，滇军伤亡惨重，四处逃散。

朱德率部拼死突围至成都北郊时，前有阻截，后有追兵。在这万分危急的关头，朱德进入昭觉寺避难。

昭觉寺是成都著名古刹之一，建于唐朝贞观年间。寺内殿宇宏大壮观，有天王殿、先觉堂、圆觉殿、观音阁、藏经楼等，大小殿堂数十座，寺内寺外林木葱茏，风景秀丽，有西南“第一丛林”之美称。

“笃！笃笃！”守门的两个和尚从梦中惊醒，听见外面有人敲门，从门缝一瞧，竟是个戴大盖帽的军人。

“啊！”两个和尚被吓得魂飞魄散，谁也不敢应声，躲到一边。

朱德听见了里面的动静，急切地恳求道：“师父，请快开门！”

“住持已有吩咐，现时兵荒马乱，不论黑夜还是白天，不开山门，外人一律不准入内。”任凭朱德在外面怎么敲门央求，两个守门和尚就是不搭理。

远处的狗吠声、枪声渐近，眼看追兵过来，不容迟疑。朱德走下山门的台阶，顺着寺院的高墙来到一棵大树旁。他双手抱着树干，两下就蹿上了树顶，越墙而入。他落地时脚未站稳，就被几个巡夜的和尚逮住了。

朱德几番解释，坚持要见住持。住持听说只有他一人，还是个军官，同意与他一见。

朱德在众和尚带领下，穿过几座院落，来到住持住的禅房。

了尘和尚一见，果然是一位威武的将军，递个眼神要众和尚通通退下。了尘双手合十，念道：“阿弥陀佛！这是佛门之地。施主，深更半夜来此，有何要事？”

朱德如实说：“我乃云南陆军第七师第十三旅步兵第二十五团团长朱德，因混战逃命到此。后有川军穷追不舍，来到贵寺，久久叩门不开，才出此下策，越墙而入，实为罪过。住持大慈大悲，请救我一命，您功德无量，我知恩必报。”朱德抱拳行礼。

了尘一听是“朱德”，眼睛一亮。站在面前的，竟是扛“朱”字旗血战棉花坡的战将朱德。

“阿弥陀佛！贫僧了尘，在此有礼了！能面见朱将军，真是三生有幸！朱将军护国讨袁，威震巴蜀，久仰久仰！只是这佛门之地，不便收留，将军还是另谋良策为好！”了尘十分为难地拒绝了朱德的请求。

“古人云：救人一命，胜造七级浮屠！大法师德高望重，昭觉寺广布善缘，早已闻名天下。今日相遇，总不能见死不救，何况我只借贵寺暂避一时风险！”

突然，有和尚进来禀报：“师父，山门外已有不少当兵的在敲门呐喊，说有人进了庙里，要进来搜查。”

了尘抬头看到墙上的“普度众生”匾额，不假思索地说：“山门不能开，告诉他们，此乃佛门净土，除僧人之外，没有别人。”

报信的和尚离开后，了尘对朱德说：“阿弥陀佛，佛祖保佑！事已至此，那就委屈朱将军在寺内暂避一时吧。这昭觉寺是千年古刹、佛门净土，将军千万动不得刀枪，以免惹起祸端。”

“请放心！我一切听从住持安排。”

了尘吩咐和尚，不准讲出去。他带领朱德隐藏了起来，再三叮咛：“朱将军放心，有了尘在，有昭觉寺在，将军一定平安无事！”

“法师大恩大德，朱德没齿难忘！”

了尘法师安顿好朱德后，快步赶到前院的天王殿。这时川军已破门而入，一拥而上。了尘法师率众和尚端立在大殿前，一字排开，前后四五排，个个双手合十……

闯进来的几十名川军，在挥舞手枪的小头目带领下，进天王殿威胁住持等人，然后又冲进了先觉堂、圆觉殿、观音阁等，就连禅房和后面的藏经楼也不放过，却不见朱德踪影。

小头目砸开了八仙堂的大门，只听里面“咣当”一声，他一惊，急忙后退一步喊道：“给老子乖乖爬出来，就饶了你的小命。要是想要啥子名堂，老子就敲掉你的脑袋，让你去见阎王！”小头目又向身后一帮当兵的喝道：“打火把，快去点灯！”但谁也不敢进去。

在小头目的再三逼迫下，八仙堂里的灯点着了，可无人敢进去搜查。小头目骂了一句后，只好自己壮了胆，猫腰进了八仙堂，大声喊道：“莫耍花招了。你藏哪儿我已看到了。是你自己爬出来呢，还是要老子把你揪出来？说呀！”朱德正藏在里面，这一切他听得清清楚楚。

小头目见没动静，大吼一声：“再不出来，老子就开枪了！”他一边吼着为自己壮胆，一边踢翻了香案，抬头死盯着天花板的藻井。突然，他大喝道："你跑不了啦！"

"啪啪"两声枪响，在天花板掉下来的同时，落下一堆血肉模糊的东西，落下的灰尘把八仙堂的灯都扑灭了。等再打起火把看时，地上躺着一只血肉模糊的大白猫。原来，刚才是专门在八仙堂偷吃供果的大白猫在捉弄这帮川军。

八仙堂的枪声惊动了整个昭觉寺，了尘住持也惊呆了，以为出大事了，便急忙赶来。当看到这般情况，他才算放心："阿弥陀佛！戒杀生，是我佛门之规。罪过罪过！这可如何是好？"

一个当兵的凑到小头目耳边，低声说了些"得罪了佛爷，怪罪下来可不得了"之类的话。

小头目只好退出了八仙堂，再到其他地方去搜了，砸门撬锁一直折腾到天亮才离去。

朱德摆脱了川军的追捕和搜查，就在寺内暂住下来，听暮鼓晨钟，听和尚诵经，有时也翻翻经书。

夏夜纳凉时，他常同了尘法师交谈，探讨一些问题。了尘法师知道了这位智谋超群的朱将军在川军面前沦落至此的原因。民心、军心不可违啊！

了尘法师点头道："将军是国家的栋梁之材，定能为民族干出一番惊天动地的事业来！"

朱德在昭觉寺住了一个多月，等外面一切平静之后才踏上归途，追赶部队。

临别时，了尘住持与众和尚送他到山门外。了尘双手合十诵道：“阿弥陀佛，祝好人一路平安，万事如意！”

朱德依依不舍地说：“各位师父请回吧！我忘不了昭觉寺，有机会一定回来拜见各位，感谢救命之恩！”

两年后，朱德拜托他的朋友周官和到成都用上等楠木为昭觉寺特制了一块长丈余、高五尺的大匾。匾正中是选自佛经偈语中的“应世人间”四个大字，每个字足有两尺见方，并专门请当时成都著名的书法家颜楷书写，落款为“下民朱德、周官和立”。

周官和专程送到昭觉寺，了尘住持和众僧一齐出动诵经迎接。了尘把朱德所赠匾额视为珍品，悬挂在观音阁的门额上，使昭觉寺平添不少光彩。前来烧香拜佛的善男信女，无不抬头争相观看。朱德避难昭觉寺的佳话一直传至今日。

多年后，朱德轻车简从来到了昭觉寺。今日的朱德，不再是那位越墙进来被众和尚逮住的朱德，而是历尽艰辛，为人民打下了江山，成为中华人民共和国副主席的朱德。

朱德的到来让昭觉寺满院生辉，大小和尚都出来迎接，个个合十诵经，寺内钟鼓齐鸣。

朱德得知了尘法师早已圆寂，他无限感慨：“遗憾呀！忙到今天才来，来了又见不到他了。了尘法师是位德行很高、佛学造诣很深的大法师，人们会永远记住他的！”朱德十分悲痛地脱帽致哀，众僧人和随行人员都为之感动。

朱德来到观音阁前久久伫立，抬头看自己三十多年前托人赠送的那块“应世人间”的大匾，几十年前那惊心动魄的一幕又浮现眼前……

朱德又来到了尘法师曾住过的禅房，来到了曾同法师一块纳凉的地方……

45 | 第五十二度映山红盛开时

阳春三月，琳琅山的映山红满山遍野，争奇斗艳。冬去春来，花开花落一度又一度……

曾一同上琳琅山砍柴的狗娃子、牛娃子、马娃子等人散了一班又一班，爬上山顶看映山红盛开的人也来了一拨又一拨……只有一个人，在琳琅山出生，带伙伴们看映山红，送走老织匠和他的小徒弟……二十多岁离开，五十多年还没回来过。

1960 年 3 月 9 日，携带着春的阳光，他终于回来了。

“狗娃子回了！”

“朱德回来了！”

“朱总司令回老家了！”

马鞍场、琳琅山的男女老少都知道了，大家奔走相告。

巴山蜀水格外明媚。一辆小车缓缓行驶在山间的公路上，司机特别小心地开车，绕过坑洼，但仍然颠簸不停。

“总司令，这山路不好走，让您老人家受累了！”司机表示歉意。

“没得关系。这路比五十多年前我出去时走的盘山小道好多了！”朱德说。

“您离开仪陇五十多年，一直未回来过？”司机问。

“是啊！我是1909年1月离开仪陇去云南当兵的。怀乡念旧，人之常情，自古有之。”朱德深情地说，“我一直想回来看看，就是没得实现呀！”

坐在朱德身旁的康克清说：“今天您的愿望不是实现了嘛！”

“是呀！五十二年了，发生了天翻地覆的变化，这里的一切也都变了。”朱德高兴得就像当年的那个天真烂漫的小孩。他一个劲儿地看着窗外的山川，生怕那方山水在车窗前消失，看一眼不够，他不停地转着膀子随行进中消逝的山水往后看，一直到看不见为止，再马上转向前……看不完的家乡山家乡水啊！五十多年的变化，让人从少年进入老年。那山那水呀，您却没老，映山红又开了，依然年轻，一样火红，一样灿烂。朱德却老了，今年已经七十四岁了。

从1909年春离开四川去云南算起，五十多年来朱德并不是没有到过四川，只是他每次都身负重任，不能够回到生养他的仪陇。

1911年12月，他随援川军入川，支援四川人民参加辛亥革命，仗打到了叙府、自流井。

1916年6月，护国军讨袁，纳溪大战获胜后，他带兵进驻泸州。

1922年3月，他抛弃高官厚禄离开云南。5月途经四川，出国寻求救国的真理。

1926年8月，共产党派他来四川万县，争取杨森参加北伐。

1935年5月，长征途中，他率红一方面军渡过金沙江进入四川，而后与红四方面军会师。直到1936年8月，战胜张国焘的分裂主义，率部队走出草地。

1957年2—3月，他去成都、绵阳、重庆等地视察。

真可谓“六过家门而不入”了。不是朱德不想家，只因他每次来都是国家大事缠身，无暇顾及。

“大跃进”以来，广播、报纸都在喊“形势一片大好，越来越好”，但不少地方的农民因为没有粮食，正在挨饿。朱德在北京实在待不住了，想了解真实情况，找出原因。他趁外出视察时，决定回家乡看看。他深信父老乡亲一定会对他说实话，会把真实情况告诉他。

当时，南充地区还在吃着公共食堂，加上灾荒严重，老百姓生活非常困难。他从与各级干部的交流中发现，大家不敢直面“大跃进”步子太快，不敢触及“跑步进入共产主义”思想的病根。

“还是让我们回家各自做着吃吧！”这是老百姓发自内心的一句话。朱德听了点点头，同大家一起正确分析了挨饿受穷的客观原因，又找出主观原因，并向乡亲坦诚承认党和政府的责任，说自己更有责任。

到了马鞍场，公社干部准备引路带朱德走访他的亲属，朱德却拒绝了。

“亲戚总得要见面的，先去看望附近年龄最大的贫下中农。”朱德说。

公社干部只好如实说：“有位八十多岁的老贫农，住在药铺垭，地势最高，行动不便……”

朱德马上接话说：“我这就去看他，我比他年纪小，身体也还好。走吧！”

朱德不听劝阻，硬要爬上药铺垭，看望老贫农。药铺垭是当年他上过私塾的地方。老贫农见到朱德，热泪盈眶，朱德嘘寒问暖，一草一木都勾起他儿时的回忆。他打听老师，打听同学……

朱德轻车简从，衣着简朴，身穿旧军装，脚上一双破皮鞋。他一位本家弟兄朱代良吃惊地说：“亏你还是个老总呢！怎么穿这样一身回家呀！你瞧瞧，我们县上的干部，哪个穿得也不比你差。”

旁人听了朱代良的话，都有些不好意思，都在用眼神责怪他不该说。

朱德却笑呵呵地回答：“你怎能这样说话呀？我不是穿戴得很好嘛！穿衣服，不冷就行了。我朱德不求衣锦还乡，但愿民富国强。”

朱代良还是想不通：“你做了那么大的官，总不能穿得跟老百姓一样吧！”

“国家现在还很穷，不能讲究吃讲究穿呀！”朱德看到乡亲们的吃穿虽然有改善，但改善不大，他心里不是滋味。他鼓励大家要团结奋斗，自力更生。

见乡亲们很快围拢过来，他又自责：“我朱德自离开仪陇后，没有给家乡带来什么好处，让乡亲跟着我遭罪受苦了！”

有人说：“我们遭的罪还小，你们朱家遭的罪就大了，连祖坟都被捣了！”

这时，在场的人都低下了头，沉痛地想起马鞍场、琳琅山的遭遇……

红军长征之后，国民党掀起反共高潮，朱德的老家横遭迫害，他的许多亲属改名换姓，流落他乡。四川军阀派兵血洗了琳琅山，还挖了朱德曾祖父母、祖父母、父母三代的坟墓，扬言破“风水”、断“龙脉”，让朱德遭殃，让红军败北。然而，历史的答案却正好相反，遭殃的是那些大小军阀，败北的是国民党。红军胜利了，中国革命成功了。

朱德郑重地说：“这不是我个人的恩怨情仇，是阶级仇。个人，可以一笑泯怨仇；阶级仇，不能忘。忘了，就是背叛！”

朱德回家前，明令不准铺张浪费，同乡亲们一道吃家常便饭。这一点大家严格遵守了，朱德很满意。他每餐吃菠菜、豆芽、豆腐之外，再加点家乡的酱菜。乡亲们都反复问他，这清茶淡饭，不知口味可满意。他说，山珍海味没有这种味，最可口的是儿时喝过的家乡水啊！

他去了琳琅山，发现乡亲们在他的出生地栽了很多树。他在找童年的小路，那条去仪陇县城的路，又想起了当年送老织匠和小徒弟的情景……想起了自己藏在路边的灌木林里，看清兵追杀“吃大户”的难民……琳琅山啊！你几度遭血洗呀，因此才洗成了这血一般鲜艳的颜色啊！

朱德深情地摘下一朵映山红，放到鼻底深深吸气，闻了又闻……他抬头遥望琳琅山顶，已很难爬上去了。他望着四周的映山红，联想自己一生为理想奋斗，消灭大小反动军阀，推翻地主阶级，让每一位农民都成了这土地上的主人，他感到由衷的欣慰！

回到这片出生地，想起母亲的纺车，朱德最大的遗憾，就是没能侍奉父母。尤其是八十多岁的老母亲，在垂暮之时写信说，今生最大的心愿是要见儿子一面，可那时他正在抗日前线指挥千军万马英勇杀敌，母亲只好带着这个遗憾离开了人世……

朱德说："我有两对父母，生我的养我的，他们让我长大成人，我离家几十年，他们离开人世时，我连一杯水都没端给他们喝……"说着，眼睛就湿润了。

朱德在老家住了三天。乡亲们送给他的东西他都一一退还，他还亲自去马鞍场买下两双草鞋，带回了北京。

46 | 木匠与“徒弟”

1961年冬，湘南安仁县清溪公社罗山大队上禾树生产队农民周常主，收到一封由中共中央办公厅转发来的亲笔信、一床被子、一套粗黑布衣服和三百元人民币。

信中称周常主“师傅”，提到了三十三年前他们偶遇的事，问起了他家中小孩情况和当地灾害及农民生活情况。信的末尾署名“朱德”。

周常主请来彭佑德读给他听，听了一遍又一遍，听得周常主热泪盈眶，一家人高兴得就像过大年。

事情是这样的。1928年3月26日，一位名叫唐天际的安仁人受武汉临时中央委派，回到家乡安仁开展党的地下工作。当天他赶到耒阳鳌山庙，向朱德汇报了安仁敌情和地理状况。鳌山庙会议后，朱德果断决定：“明天，唐天际同陈道明这个营一道打开安仁县城南大门。”

29日，朱德率湘南起义主力队伍撤离耒阳县城，30日进入安仁县境的华王庙、灵官庙，31日到山口卢古祠整顿军纪。

4月1日，朱德率部向安仁城进军，队伍在折回神州河、龙源、颜家、荷树一带，行至罗山木鱼坳时，朱德所在行军分队遭遇小股敌人的突然袭击。朱德与队伍失散，隐避在茶林中。敌我双方交火未断，行军分队离散。正在危急关头，朱德看见茶林山道上走来了一位木工匠。他是清溪罗山上禾树的周常主，从古塘做木工回家路过这里。他抬头发现茶林中有个军人高大威武，顿时害怕起来。

朱德亲切地说："老乡别怕，我是工农革命军，保护老百姓的，我要去安仁县城，请带个路。"

商量一阵后，朱德换上了周常主的一套破衣服，挑着木工箱，周常主则扛上钻斧，他们一前一后赶路，朱德想起了老织匠和小徒弟……一路上，两人以师徒关系做掩护，抄小路经青路、罗山、黄泥、新塘湾、台头渡，周木匠把朱德送到了宝塔坳。朱德见到了自己的队伍，两人才分手道别。周木匠记住了他护送的人叫"朱德"，朱德也记住了"师傅"的姓名和家庭地址。

三十三年过去，朱德想起了"木匠师傅"。这既是农村调查的一个好渠道，又是报答恩人的好时机。

从此，湘南安仁县传颂着木匠与"徒弟"的一段佳话。

47 一条旧毛毯

在革命的艰难岁月里，一位同志赠送朱德一条红色的毛毯御寒，后来这位赠毛毯的同志坚贞不屈，死在了敌人的屠刀下。朱德倍加珍惜这条毛毯，一有困难，他就想起这位革命烈士，联想起毛毯的颜色正是烈士鲜血染成，上面存有烈士散发出来的温度。

朱德将毛毯带在身旁，随时可以触摸到这种温度，可以感受到烈士扑面而来的气息，甚至可以闻到血腥味……

毛毯丝丝缕缕地交织，它就是烈士的血脉和革命情谊交织成钢筋铁骨的象征，它就像一本充满正能量的书，书页上的血腥味正像用人的生命活力浸泡出来的催人奋进的清醒剂……

朱德带着它粉碎过国民党在井冈山的一次次“进剿”和“会剿”，带着它粉碎过国民党在中央苏区的一次次“围剿”，带着它参加过二万五千里长征，又带着它来到革命圣地——延安。不管环境多么恶劣，斗争多么残酷，在长期征战和行军生活中，朱德忍痛丢掉了很多东西，却一直保存着这条毛毯。尤其在长征路上，冲破敌人的四道封锁线，爬雪山、过草地，康克清同志深深理解并懂得朱德对这条毛毯的珍视，她宁可丢掉自己心爱的日用品，也不能让这条毛毯丢失。

1936 年冬天，西安事变爆发，眼看周恩来常常顶风冒雪奔波在西安、延安之间，朱德总司令把这件珍贵的纪念品转送给周恩来，让他挡风御寒。周恩来作为朱德的入党介绍人，了解朱德，更了解这条红毛毯的故事。他欣然接受了这份礼物，于是毛毯随他奔波在西安、延安之间。

1937 年 5 月，周恩来从延安到西安的途中，在劳山遇险，遭到国民党匪军的袭击。在周恩来的越野车里，多位随行卫士牺牲了，鲜血染红了这条毛毯。周恩来跳下车亲自指挥大家奋勇作战，脱险后来到我军驻地三十里铺。在红军的骑兵部队赶到的时候，劫车的匪军气急败坏地在毛毯上乱砍了十几刀，然后仓皇逃走。

这条毛毯上留下了累累刀痕，后经洗涤、缝补，又回到了周恩来的手中。

抗日战争全面爆发了，朱总司令率领八路军奔赴抗日前线。为了欢送同生死、共患难的老战友，周恩来在送行时又郑重地把这条毛毯回赠给朱德。

这条沾染了中国革命烽火硝烟的毛毯，又铺在了抗日烽火的前线指挥所。太行山区的人民，把热爱朱总司令的一片火热的心，倾注在这条毛毯上，每天把土炕烧得暖暖的，将毛毯铺在上面。有一次，这条毛毯在土炕上被烤出了一个大洞，朱德又找人把它细心地缝好了。

这条带着鲜血、刀痕、硝烟的毛毯，一直陪伴着朱德总司令取得抗日战争胜利、全国解放。

一条毛毯，一种情结，一部史书，一个信仰。

48 不要宣传我

全国一解放，四川仪陇县的领导就提出，要用朱德的名字为仪陇县命名，并准备把县城迁到朱德的出生地马鞍场。这是家乡人民对朱总司令的爱戴。为了广泛征求群众意见，县里以“朱德县建县委员会”的名义张贴布告，还派人到北京请示。朱德得到消息后，严肃地批评了这种做法，指出这是违反党纪的，要坚决制止。

土地改革时，仪陇县委领导又提出，马鞍场是朱德的故乡，现在全国各地乃至国外的一些朋友都想来仪陇参观，因此计划拨出几百亩土地修建“朱德同志革命纪念馆”。县委专门向川北区党委打了报告，川北区党委把这份报告转呈中央。朱德听说后很着急，心想：自己打天下的目的，就是要把土地分给农民，岂能占用土地为自己建纪念馆？他要川北区党委立即转告仪陇县委的同志，纪念馆不要修了，农民世世代代生活在那个地方，不应该把他们迁走，那些土地要分给农民耕种，以发展生产。

马鞍场的父老乡亲得知朱德要把为他修建纪念馆的土地分给他们

时，激动地说："总司令心里时时想着人民，就是没有他自己。"

1959 年，为了迎接国际友人到朱德的家乡参观访问，仪陇县委根据上级的指示，把年久失修的朱德故居加以修缮，开辟了一个陈列馆。

1960 年，朱德到四川视察工作，顺便回到阔别了五十多年的家乡。当他看到陈列馆之后，严肃而诚恳地对县委书记说："不要办我的展览馆。把这个地方改建成一所学校，让娃娃们念书，好不好？希望你们赶快动手！"

1962 年，仪陇县委书记和副书记到北京开会，朱德再次问起这件事，仍然建议把故居改建成学校，以便让更多的孩子有书读。家乡的同志深深为朱德大海一样的胸怀所打动，但又不能采纳他的建议，只好再三解释保留陈列馆的原因。临别时，朱德还是满怀忧虑，无可奈何地说："感谢仪陇县委、各级党组织和父老乡亲对我的信任和关照。但对这件事，我仍然保留我的意见，希望你们不要宣传我。"

49 | 克己奉公

朱德在生活上精打细算，严格要求自己。对于工资待遇，他自己有一个规定，不能超过毛主席和周总理。他是共和国第一元帅，自从1955年国家实行军衔制工资以来，他一直没领过元帅的工资。

他生活俭朴，精打细算，细到了每天使用的洗脸水。有一次，警卫员给朱德放好了洗脸水，一下放多了。朱德便说："洗脸水放那么多干什么？天旱缺雨，天津市人民吃的水都得由北京密云水库拨给，我们一定要节约用水啊！"他由自己的一盆洗脸水，联想到其他城市的用水问题。他常给儿孙们讲"一天省一把，十年买军马"的谚语和"聚沙成塔，集腋成裘"的故事。他每月都要检查家里的伙食账目，不准超过一般人的生活标准。他每月要招待往来的亲友，家里开支大，但他总是控制在每月的工资之内，量入为出，一超出，他就从自己的日常生活中弥补回来。

他常说："我们国家一穷二白，只有增产节约才能变得富强。光增产不节约，就等于没增产。勤俭勤俭，勤就是增产，俭就是节约，两者不可分嘛。”

家里吃的青菜，很长一段时间都是他亲自种的。他自己开辟了一个小菜园，同康克清一起在业余时间劳作。

朱德有一句教育子女的名言：“革命者的遗产不是金钱，而是革命精神！”

朱德曾不止一次对孩子们说：“人总是要死的，不能永远活着。我是无产阶级，我死后，你们没有什么可继承的。房子、家具都是国家的，我所有的东西都要上交国家。我最珍贵的，就是屋里挂的那张毛主席像，你们可以继承。我那些书籍你们可以留着读。”

朱德暮年曾多次对身边的工作人员说：“我有两万元的存款，这笔钱不要分给孩子们，不要动用，告诉康克清同志，把它交给组织，作为我的党费。”这两万元是实行工资制以来朱德的全部存款。后来，这笔钱由康克清如数交给了党组织。

朱德对自己要求严，对子孙要求同样严格。长孙开始上学时，因校园离家有段路程，也只用一辆三轮车送他去学校。孙子缠着爷爷要他的四轮车送，他不同意，说公车只能用于工作。长孙如此，其他子孙亦如此。

50 红星耀中华　美德昭日月

1976年6月21日上午，全国人大常委会委员长朱德按时来到人民大会堂。那天的日程安排是会见澳大利亚联邦总理马尔科姆·弗雷泽。

会见的时间到了，不知什么原因，仍未得到外交部的通知，九十高龄的朱德还在休息室等候。后来才被告知，会见的时间推迟了。朱德万万没想到，这一次会见弗雷泽总理竟是他最后一次参加外事活动。由于在放有冷气的休息室里等候了近一个小时，朱德会见之后回到家中便感到身体不适。后经医生诊断，他感冒了。

感冒第四天，也就是6月25日，晚饭后他又开始腹泻。本来他第二天还有外事活动，他执意参加完活动再去看病。后来，在康克清和保健医生的劝说下，他才没去参加这次外事活动，而是住进了北京医院就诊。

当他的病情稍有缓解的时候，突然传来消息：毛泽东主席病危，正在紧急抢救。朱德为此十分不安，他嘱咐身边的医生立即到毛主席那里去。医生告诉他，已经派人去了，他这才稍稍平静。

叶剑英特别关注朱德的病情，几乎每天都让他的女儿打电话到医院，询问治疗情况。邓颖超、聂荣臻等一些老同志纷纷来到医院探视朱德。

在医院里，朱德仍然关心着国家的命运和前途。当国务院副总理李先念来看望他时，他鼓励李先念一定要坚持把生产搞上去。

朱德在生命即将走到尽头的时候，还没有忘记自己是个共产党员。他又一次嘱咐康克清，将他积攒的两万元作为党费交给组织。

进入 7 月，朱德的病情再次加重，而且伴有其他病症，突然间多种疾病侵袭。

7 月 5 日这一天，李先念、聂荣臻、王震、邓颖超、蔡畅等人来到病房看望朱德。此刻，朱德努力地睁开眼睛，望着这些曾经和他患难与共的老同志，他的心里十分激动，然而他已无法言语了。他十分吃力地要抬起手臂和他们握手，却始终没有抬起来。在场的人看到这种情景，都难过地流下了眼泪。很快，朱德便进入了昏迷状态……

一直伴随在朱德身边的康克清，看到朱德的病情日益严重，她已预感到朱德在人世的时间很有限了，她多么希望他能在生前留下还要说的话。然而，这时的朱德一直处于昏迷状态，无法再说出自己的想法了。

1976 年 7 月 6 日下午 3 时 1 分，医生尽最后的努力还是没能挽救朱德的宝贵生命，显示屏上的曲线逐渐拉成了直线，一颗伟大的心脏永远停止了跳动。

当天，华国锋及时来到毛泽东的住处，向毛泽东报告了朱德逝世的消息。

刚刚被抢救过来的毛泽东，静卧在病床上，听完华国锋的报告，吃力地用微弱、嘶哑的声音问道："朱老总得的什么病？怎么这么快就……"

华国锋扼要地向毛泽东报告了朱德的病情，并报告了朱德治丧委员会的工作安排。

毛泽东听罢，黯然神伤。他嘱咐华国锋一定要妥善料理朱德的后事。

朱德逝世后，许多外国元首和友人发来唁电。澳大利亚联邦总理弗雷泽获悉朱德逝世后特别震惊和悲痛，他发来唁电说："对于他的逝世，我个人感到格外难过，因为仅仅两周以前，在我访华期间，他热情地接见了我。由于朱德对建设新中国做出了重要贡献，他将为人民长久怀念。"

…………

习近平总书记在纪念朱德同志诞辰130周年座谈会上的讲话指出："朱德同志是伟大的马克思主义者，伟大的无产阶级革命家、政治家、军事家，中国人民解放军的主要缔造者之一，中华人民共和国的开国元勋，是党的第一代中央领导集体的重要成员。……朱德同志在近70年的革命生涯中，为中国革命成功、为中国人民解放事业立下了丰功伟绩，为我国社会主义革命和建设事业建立了不朽功勋，深受全党全军全国各族人民爱戴和崇敬。毛泽东同志称赞朱德同志是‘人民的光荣’，周恩来同志称赞朱德同志的革命历史‘已成为二十世纪中国革命的里程碑’。这是党和人民对朱德同志的最高评价，朱德同志当之无愧！……在近代我国波澜壮阔的历史进程中，一代又一代共产党人团结带领全国各族人民接续奋斗，使中华民族走出了近代以来前所未有的苦难，迎来了今天实现中华民族伟大复兴的光明前景。朱德同志就是这些共产党人中的杰出代表，是我国民族英雄璀璨群星中的一颗巨星。朱德同志在毕生奋斗中表现出来的思想品德和精神风范，是党和人民的宝贵精神财富。”

朱德是伟大的，又是平凡的。他思想的高尚、作风的朴实、人格的魅力给全党、全军、全国人民树立了不朽的丰碑！

主要参考书目

1. 中共中央文献研究室 . 朱德传 [M] . 北京：中央文献出版社，2016.

2. 中共中央文献研究室 . 朱德年谱（新编本）[M] . 北京：中央文献出版社，2006.

3. 中央文献研究室二部 . 朱德自述 [M].北京：解放军文艺出版社，2003.

4. 中央文献研究室科研部图书馆 . 朱德人生纪实 [M] . 南京：凤凰出版社，2011.

5. 于俊道 . 朱德实录 [M] . 北京：中国工人出版社，2012.

6. 刘学琦 . 朱德风范词典 [M] . 北京：中国工人出版社，1991.

7. 苗增瑞 . 公仆的风范——朱德 [M] . 天津：新蕾出版社，1991.